Andrea Liebers

Spuk im Odenwald

mit Illustrationen von

Johanna Berking

verlag regionalkultur

Mit 67 Illustrationen von Johanna Berking.

Die Deutsche Bibliothek — CIP-Einheitsaufnahme:

Liebers, Andrea:
Spuk im Odenwald / Andrea Liebers. Ill.: Johanna Berking. -
Ubstadt-Weiher : Verl. Regionalkultur, 2001
ISBN 3-89735-161-7

Gesamtherstellung: verlag regionalkultur
    Lektorat und Satz: Marc Millenet, verlag regionalkultur
    Endkorrektur: Elke Remmers, verlag regionalkultur
    Illustrationen und Umschlaggestaltung: Johanna Berking, 69121 Heidelberg

Druck: M+M Druck GmbH, Heidelberg

Diese Publikation ist auf alterungsbeständigem und säurefreiem Papier
(TCF nach ISO 9706) gedruckt entsprechend den Frankfurter Forderungen.

verlag regionalkultur
Stettfelder Straße 11 • 76698 Ubstadt-Weiher • Tel. (07251) 69723 • Fax 69450
e-mail: verlag_regionalkultur@t-online.de • www.verlag-regionalkultur.de

Inhalt

Glück und Schnee, juhe? 5

Die Natur schlägt Kapriolen 15

Hühnerrettung in Handschuhsheim 21

Schnee, Schneebesen und echte Lebkuchen 25

Spiralwolken über dem Odenwald 29

Dramatische Rettungsaktion 33

Stadt im Schnee 39

Auf der Hängebrücke 46

Weißer Schnee und kaltes Grauen 51

Spiralwinde, Wolkenballungen und Fieberträume 53

Ein Pferd für Til? 60

Mit dem Alaskahund durch den Schneeorkan 65

Hufnagel und Nussbaumkreuz 71

Gefährliche Minuten für Xandra 78

Mysteriöses Schneewunder 86

Das Wilde Heer 91

Glück und Schnee, juhe?

„Opa, wann schneit's denn endlich? Ich will Schlitten fahren!", Til sitzt niedergeschlagen im Wohnzimmersessel und blättert gelangweilt in der Fernsehzeitung, die vor ihm auf dem Couchtisch liegt. Seine Füße hat er auf den neuen Schlitten gelegt, den sein Großvater ihm zu Weihnachten geschenkt hat. Heute Morgen haben ihn seine Eltern zu seinem Großvater nach Heidelberg gebracht. Da Tils Vater mal wieder auf Geschäftsreise ist – diesmal nach New York – und Tils Mutter unbedingt mitwollte, Til aber auf gar keinen Fall, hat sich die Familie entschlossen, Til bei seinem Großvater unterzubringen. Til, der eigentlich in Frankfurt wohnt, hat schon mehrmals einen Teil seiner Sommerferien bei seinem Großvater in der Heidelberger Altstadt verbracht und dabei jedes Mal spannende Abenteuer erlebt: Beim ersten Besuch konnte Til den durch einen mächtigen Zauberspruch in einer magischen Falle festgehaltenen Geist der uralten Seherin Jetta befreien. Beim zweiten Aufenthalt kam Til zusammen mit der Taxifahrerin Agnes Stefan und seiner Freundin Xandra einem brutalen Mord, der schon vor 300 Jahren stattgefunden hatte, auf die Spur. Und beim dritten Besuch hat er es mit dem im Neckar hausenden Wassergeist, dem Hookemann, zu tun bekommen. Was wird er wohl dieses Mal erleben? Ob es wieder spannend werden wird bei seinem Großvater? Til zweifelt. Denn diesmal sind ja auch keine Sommerferien, wie die anderen Male, sondern Weihnachtsferien, und ob man im Winter auch so richtig gruselige Abenteuer erleben kann? Til ist sich ziemlich unsicher in dieser Frage.

Heute ist jedenfalls der 25. Dezember, der erste Weihnachtsfeiertag. Eigentlich sollte es tiefster Winter sein, dem Kalender nach zu urteilen. Aber das Thermometer zeigt plus 15 Grad Celsius, es ist, man kann schon sagen – unangenehm warm. Doch die unwinterliche Temperatur ist nicht das Einzige, was Til nervt: Sein Großvater hat nicht mal einen Weihnachtsbaum! Eine einzige, schon ziemlich abgebrannte rote Wachskerze, vor der ein winziger Tannenzweig liegt, ersetzt Ludwig Krause einen ganzen geschmückten Baum: „Ich will nichts mit diesem Weihnachts-Getue zu tun haben, das ist ja inzwischen zu einem einzigen Kaufrausch verkommen!", hat Opa Krause geschimpft, als er Tils enttäuschte Miene gesehen hat. Das Wort Kaufrausch kam wie ein Fanfarenstoß aus seinem Mund. Man konnte deutlich hören, wie das ganze Drumherum zu Weihnachten ihm gegen den Strich ging.

Dabei hat sich Ludwig Krause doch für seine Verhältnisse wirklich Mühe gegeben: Til hat sich nämlich einen Schlitten von seinem Großvater gewünscht und einen solchen hat er auch – sozusagen vor der Weihnachtskerze – vorgefunden, sogar mit einer schönen großen roten Schleife darum. Xandra, Tils Freundin hier in Heidelberg, hat ihm letzten Sommer nämlich von den herrlichen Heidelberger Wintern vorgeschwärmt, in denen man hier so richtig toll rodeln könnte. Deshalb hat er sich den Schlitten gewünscht – aber rodeln kann man doch nicht bei 15 Grad!

Tils Großvater kann nicht verstehen, warum Til unbedingt einen Weihnachtsbaum, unendlich viel Lametta und anderes glänzendes Klimbim, Kerzen, Weihnachtsgebäck, viele kleine Geschenke in umweltunfreundlichem Hochglanz-Geschenkpapier erwartet hat – in seinen Augen ist das ein vollkommen überflüssiges „Weihnachts-Papi-Papo", wie er sich ausdrückt, womit nur Geld gemacht werden soll. Da ist Opa Krause ganz konservativ. Für ihn ist Weihnachten ein Fest des Herzens und der Liebe und das hat nun mal für ihn nichts mit dem Geldbeutel oder irgendwelchen Äußerlichkeiten – und seien es geschmückte Weihnachtsbäume – zu tun!

Jedenfalls muss sich Ludwig Krause nun mit einem ziemlich betrübten Til befassen, nicht nur wegen des fehlenden Weihnachtsbaums, sondern vor allem auch wegen des ausbleibenden Schnees.

„Wird schon werden, wird schon werden!", brummt der Großvater und sieht schwierige Zeiten auf sich zukommen. Gedankenverloren zupft er an den wunderschönen Blütenblättern seiner Amaryllis, die auf dem Fensterbrett im Wohnzimmer steht.

„Wir können ja nicht den ganzen Tag Trübsal blasen, Til!", meint er nun und läuft zu Taten entschlossen in der Wohnung auf und ab. „Wie wär's mit einem Ausflug?"

„Wohin denn?", fragt Til abwartend.

„Ich schlage vor, wir rufen meinen Freund Theo an, du weißt schon, den mit dem Hookemann…"

Til nickt. Klar weiß er, wer Theo Hörning ist.

„…der hat sich nämlich zu Weihnachten selbst ein Auto geschenkt, zwar nur ein kleines, und auch nur ein älteres, aber ich nehme an es fährt. Wir könnten ihn fragen, ob er nicht Lust hat, seine Fahrkünste zu erproben…"

6

„Besser als hier rumsitzen…", brummt Til und sein Großvater greift zum Telefon und schafft es doch tatsächlich, Theo Hörning zu einer kleinen Fahrt zu überreden. Schnell brechen sie auf, da es schon nach ein Uhr mittags ist, und im Winter ja ziemlich früh der Abend hereinbricht. In der oberen Neckarstraße angekommen, wartet schon ein grasgrüner, kleiner, alter Fiat auf sie, der sie mit dröhnendem Hupkonzert begrüßt. Überrascht bleiben Opa Krause und Til vor dem Auto stehen, so eine Begrüßung haben sie wahrlich nicht erwartet. Opa Krause nimmt neben Theo Hörning auf dem Beifahrersitz Platz, Til quetscht sich hinten hinein und los geht die Fahrt.

Mit quietschenden Reifen nimmt Theo Hörning die Kurve zur Alten Brücke hoch und braust hinüber ans andere Ufer. Opa Krause klammert sich mit beiden Händen am Türgriff fest, der in diesem Moment unangenehm knirschend nachgibt. „Huch!", ruft Opa Krause zu Tode erschrocken und hält den herausgebrochenen Türgriff in der Hand.

„Mensch, Ludwig, pass doch auf! Das Auto ist nicht mehr das jüngste!", schimpft Theo Hörning und sieht seinen Freund strafend an.

„Tut, tut, tut mir Leid, Theo, aber fährst du nicht etwas zu schnell?", stottert Opa Krause. „Ich bin auch nicht mehr der Allerjüngste und vertrage keine überhöhten Geschwindigkeiten…"

„Zu schnell?", fragt Theo zurück. „Tut mir schrecklich Leid, Ludwig, aber der Tempo-Anzeiger scheint kaputt zu sein, ich weiß auch nicht… Als ich das Auto gekauft habe, ging der noch!"

„Oje!", stöhnt Opa Krause und klammert sich nun mit beiden Händen am Sicherheitsgurt fest. Hoffentlich überstehen sie diese Fahrt heil.

„Äh, wo willst du eigentlich hin?", fragt Ludwig Krause, als Theo Hörning am Bahnhof vorbei Richtung Autobahn braust.

„In den Odenwald!", antwortet dieser fröhlich. „Nach Bensheim, zum Felsenmeer. Ich glaube, das ist für Til genau das Richtige!"

Nach einer abenteuerlichen Fahrt über die Autobahn, bei der Theo Hörning das Auto weit über seine Höchstgeschwindigkeit strapaziert, verlassen sie bei der Ausfahrt Bensheim die Autobahn und fahren die B 47 Richtung Lautertal und Reichenbach entlang, um dann dem Wegweiser „Zum Felsenmeer" zu folgen. Endlich sind sie am Parkplatz vor dem Naturschutzgebiet angekommen. Mit zittrigen Knien und ganz blass um die Nase steigt Opa Krause aus und hält sich dann erst einmal krampfhaft am Dach des Fiats fest, um nicht umzufallen. Er holt tief Lust und hat das Gefühl, wirklich jeden Moment ohnmächtig zu werden. So wackelig hat er sich schon lange nicht mehr gefühlt. Til dagegen springt fröhlich aus dem Auto und läuft gleich mal los in Richtung Felsenmeer, während Theo Hörning sich um seinen Freund Ludwig kümmert. Geduldig wartet Til an der Siegfriedquelle, bis die beiden älteren Herren nachkommen.

Theo Hörning will zwar noch ein paar kurze Erläuterungen über das Felsenmeer loswerden – dass dieses aussehe, als haben Riesen die Steine herumgeworfen oder ein Fluss habe die Steine hergeschwemmt, in Wirklichkeit aber seien die Felsen schon ewig hier und Überreste von Jahrmillionen alter Verwitterung. Außerdem hätte er Til gerne erzählt, dass hier die Römer – also vor fast 2000 Jahren! – einige behauene Steine hinterlassen haben, so zum Beispiel das berühmte „Schiff", das wegen seiner Form so genannt wird, doch Til hat das alles nicht gehört und ist schon längst vorausgerannt und klettert bereits zwischen den Felsen herum. Opa Krause und Theo Hörning folgen in gemächlichem Tempo. Höher und höher steigen sie, und Ludwig Krause kann nach und nach die Schrecken der Autofahrt abschütteln – doch nur, um in den nächsten Schrecken hineinzugeraten.

Sie sind inzwischen schon in der Nähe des „Krokodils" angelangt, einer Gesteinsformation, die so aussieht wie ein riesiges Krokodil, das sein Maul wie nach einer großen Mahlzeit entspannt geschlossen hält, als Opa Krause einen Schrei ausstößt. Dieser Schrei vermischt sich mit Tils Schmerzensschrei, der ist nämlich auf dem glitschigen Rücken des „Krokodils" ausgerutscht, den Felsen heruntergefallen und liegt jetzt jammernd am Boden. „Mein Knie", heult er, „mein Knie tut so weh!" Es dauert eine Weile, bis die beiden Herren auf dem glitschigen Waldboden bei Til angelangt sind, doch inzwischen hat sich sein Schmerzensgeheul in Triumphschreie verwandelt: „Ich hab was gefunden", ruft Til außer sich vor Freude, „ich hab was ganz Tolles gefunden!"

„Jetzt lass uns erst mal dein Knie anschauen!", meint Opa Krause besorgt, der zudem durch den abrupten

Stimmungswechsel von Til ganz schön durcheinandergebracht ist. Die Hose ist zerrissen, und der Stoff hängt in blutigen Fetzen um Tils Knie. Aber ein fachmännischer Blick genügt, und Opa Krause stellt fest, dass alles nur halb so wild ist. Eine Schürfwunde, mehr nicht! Er holt sein großes Herrentaschentuch aus der Mantel-tasche und säubert Tils Wunde. „Nun schau doch mal Opa, was ich gefunden habe!", ruft Til begeistert, steht auf und zerrt an irgendeinem Ding, das sich noch zu großen Teilen im Boden befindet. „Lass das, Til!", murrt Opa Krause. „Hier darf man nichts mitnehmen, das ist ein Naturschutzgebiet!"

„Aber das ist nicht aus Natur!", gibt Til zurück. „Das ist aus Eisen oder so, und außerdem verrostet!"

Til zerrt und zerrt und hält schließlich ein riesiges Hufeisen in der Hand, das sicherlich doppelt so groß wie ein normales Hufeisen ist. „Das darfst du nicht mitnehmen, Til!", meint nun auch Theo Hörning und schaut sich um, ob jemand in der Nähe ist und sie beobachtet. Doch sie sind ganz allein. So weit das Auge reicht nur Felsen und Bäume.

„Ich will es aber mitnehmen!", quengelt Til. „Ich bin darüber gestolpert, also gehört es mir! Es ist doch ganz wertlos. Es ist schon verrostet! Und besonders alt ist es sicher nicht!"

Theo Hörning, der auf einem Bauernhof aufgewachsen ist und sich mit Hufeisen auskennt, nimmt es in seine Hände. Wirklich von beeindruckender Größe, staunt er. Wie groß musste wohl das Pferd gewesen sein, für das ein solches Hufeisen geschmiedet worden war? Herr Hörning fröstelt. War das nun wegen des Hufeisens oder weil es ihm kalt geworden ist? Dabei sind doch 15 Grad? Theo Hörning runzelt die Stirn. Vielleicht war es aber nur als Glücksbringer gefertigt worden und schützte nie den Huf eines Pferdes? Dieser Gedanke kommt Theo Hörning wahrscheinlicher vor und er gibt Til das Hufeisen zurück. „Ich weiß nicht so recht, ob Til das mitnehmen kann …", meint er und schaut zweifelnd seinen Freund Ludwig an. Doch dieser ist am Ende mit den Nerven, er will nur noch, dass Til endlich seine Klappe hält, deshalb sagt er barsch: „Meinetwegen, dann nimm das Ding mit, aber wir zeigen es später jemandem vom Museum, ist das klar!?"

„Logo, Opa!", jubelt Til, nimmt das Hufeisen und legt es sich wie eine Art Joch um den Hals und geht voraus Richtung Auto.

Auch im Auto trennt sich Til nicht von seinem frisch gefundenen Schatz, auf den er mächtig stolz ist. In Zeitungspapier eingewickelt, das Herr Hörning zum Glück im Auto hat, liegt es neben Til, und zum Schutz vor Erschütterungen, unvorhersehbaren Vollbremsungen und Hin- und Hergedrücktwerden bei rasant genommenen Kurven legt Til die Hand auf das Hufeisen, damit es nicht vom Rücksitz rutscht.

Schon im Auto hat Til die beiden Herren überredet, ihm zu helfen das Hufeisen blitzblank zu bekommen. Opa Krause hat im Keller einen Schraubstock, in den sie das Hufeisen spannen. Nacheinander bearbeiten sie es mit einer Stahlbürste, zehn Minuten Til, zehn Minuten sein Großvater und zehn Minuten Theo Hörning und dann wieder Til, um es von seiner Rostschicht zu befreien. Schlag neun Uhr abends, nach zweieinhalb Stunden ununterbrochenem Abreiben glänzt das Hufeisen wie neu. Herr Hörning staunt, als er feststellt, dass das Hufeisen sieben Löcher für die Hufnägel hat, normalerweise sind es nur fünf, meint er. Aber in Anbetracht dessen, dass es zum Schutz der Hufe eines wirklich riesenhaften Pferdes gedient haben muss, war diese Zahl vielleicht notwendig. Das bestätigt ihn zudem in der Vermutung, dass dieses Hufeisen nie am Huf eines Pferdes befestigt war, sondern eher als Glücksbringer an einer Hauswand. Todmüde, aber glücklich über die gelungene erste Fahrt mit seinem neuen Auto verabschiedet sich nun Herr Hörning und geht nach Hause. Auch Opa Krause fallen die Augen schon fast im Stehen zu. „Ich muss ins Bett, Til, ich bin furchtbar müde! Außerdem zieht es in meinen Gelenken so seltsam. So, wie es nur bei einem Wetterumsturz tut. In den Nachrichten im Radio haben sie zwar nichts davon gesagt, aber vielleicht kannst du bald deinen neuen Schlitten ausprobieren. Du wirst schon sehen: Morgen, spätestens übermorgen, fallen die ersten Flocken."

„Meinst du wirklich, Opa?" Til schaut seinen Großvater skeptisch an und nestelt an seinem Pullover, der sich dummerweise irgendwie im Reißverschluss der Hose verfangen hat. Das wäre ja wunderbar: morgen Schlitten fahren! Dann hätte ihm das Hufeisen ja schon Glück gebracht!

Opa Krause nickt aufmunternd, geht noch mal zum Fensterbrett zu seiner Amaryllis und prüft mit den Fingern, ob sie vielleicht noch etwas Wasser braucht. Dabei gähnt er, als ob er die Luft des ganzen Zimmers in sich einsaugen wollte. Bei der großen Wanderung heute und beim Arbeiten im Keller hat er seine Gelenke gar nicht gespürt. Da war er wohl zu abgelenkt, geht es ihm durch den Kopf. Dafür schmerzen sie jetzt umso schlimmer.

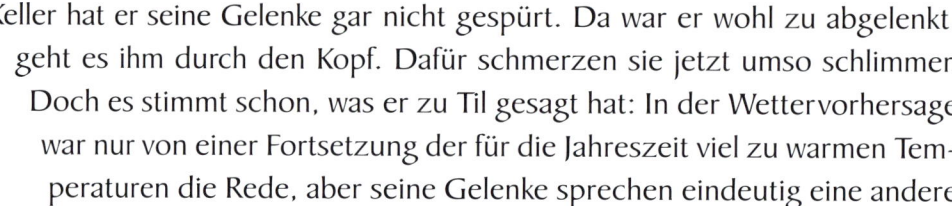

Doch es stimmt schon, was er zu Til gesagt hat: In der Wettervorhersage war nur von einer Fortsetzung der für die Jahreszeit viel zu warmen Temperaturen die Rede, aber seine Gelenke sprechen eindeutig eine andere Sprache.

„Hab ich dir überhaupt schon gesagt, dass wir morgen Mittag bei Frau Mitnacht eingeladen sind, zum Weihnachts-Schmaus? Da bekommst du dann deine Weihnachtsstimmung geliefert, die dir hier bei mir fehlt. Ich bin sicher, Frau Mitnacht hat einen Weihnachtsbaum und Gebäck und Sternchen und anderes Glitzerzeugs. Und außerdem wird das Essen ganz lecker werden, glaube mir, mein Junge. Frau Mitnacht kocht hervorragend. Ich jedenfalls freue mich darauf!" Ludwig Krause läuft jetzt schon das Wasser im Mund zusammen. In seinen Augen ist Frau Mitnacht, die Großmutter von Tils Freundin Xandra, eine begnadete Köchin. Sie kennt noch so manche uralte Hausrezepte, deren Überlieferung über Generationen von Mutter zu Tochter ging. Ihre Familie kommt nämlich aus dem Herzen des Odenwalds, aus Reichelsheim.

Während Opa Krauses Gedanken bei duftendem Braten, knusprigen Kartoffeln und Puddings mit Sahnehäubchen weilen, schaut auch Til ziemlich zufrieden drein, zumal er inzwischen auch seinen Pullover aus dem Reißverschluss befreit hat.

Nachdem Opa Krause im Schlafzimmer verschwunden ist, geht auch Til zu Bett. Sein wunderschön silbrig schimmerndes Hufeisen legt er auf ein Extrakissen vor sein Bett.

Ziemlich schnell ist er ins Reich der Träume hinübergedämmert. Dort baut er riesige Schneemänner und rodelt mit seinem Hufeisen, das er wie eine Art Stuhl benutzt, steile Schneehänge hinunter. Dabei überholt er alle anderen Kinder mühelos.

Opa Krause seinerseits schlummert ebenfalls selig. Im Traum umwabern ihn herrliche Düfte, die den Kochtöpfen von Frau Mitnacht entsteigen …

Ziemlich früh am Morgen wird Til durch den für ihn noch ungewohnten Glockenschlag der nahe gelegenen Heilig-Geist-Kirche geweckt. Schlaftrunken zählt er die Schläge. „Vier, fünf, sechs! Erst sechs Uhr!", denkt Til noch halb im Schlaf und will sich auf die andere Seite drehen, um weiterzuschlafen, doch zuvor will er noch einen Blick auf sein Hufeisen werfen. Wunderschön ist es! Til betrachtet es voller Stolz. Wem das wohl gehört hat, fragt er sich, noch halb im Schlaf. Eigentlich ist er viel zu müde, um jetzt schon über irgendetwas – und sei es das Hufeisen – nachzudenken. Er will gleich weiterschlafen, doch irgendetwas hält ihn davon ab. Eine unwiderstehliche Kraft zieht ihn zum Fenster. Müde steht er auf und wankt dorthin, um einen Blick hinaus zu werfen in den noch dunklen Morgenhimmel. Til stutzt und ist im nächsten Augenblick hellwach. „Ist das ein Traum?", schießt es ihm durch den Kopf. Mit zittrigen Händen öffnet er das Fenster und streckt seine Hand hinaus in die kalte Morgenluft. Eine wattebauschgroße Schneeflocke hat sich auf seiner Handfläche niedergelassen und macht erst mal keine Anstalten zu schmelzen.

„Juchu! Juchu! Es schneit, es schneit!", Til ist vollkommen aus dem Häuschen, dreht seine Handfläche um und lässt dadurch die Schneeflocke wieder weiterschweben. Von 15 Grad plus zu Schneefall. Das kann doch nur ein Wunder sein! Das Hufeisen hat ihm Glück und Schnee gebracht! Dankbar schaut er es an und rennt dann jubelnd in das Schlafzimmer seines Großvaters: „Aufwachen, Opa, aufwachen, wir können heute Schlitten fahren!"

Erschrocken öffnet Opa Krause die Augen. Doch als er einen wild auf- und abhüpfenden Til vor sich sieht, schließt er sie gleich wieder und stöhnt herzerweichend. „Das kann ja wohl nur ein Alptraum sein!", murmelt er und dreht sich auf die andere Seite. Kaum ist Til in der Stadt, ist seine so wohl geordnete Tagesroutine dahin, selbst in seine Träume hat Til jetzt schon Einzug gehalten! Und das auf Opa Krauses alte Tage hin!

„Opa, Opa, aufstehen! Es schneit, es schneit!", ruft Til begeistert und springt mit einem Satz zu seinem Großvater ins Bett.

Jetzt ist Opa Krause endgültig wach. „Til, was soll der Unfug!", schimpft er ungehalten. „Raus aus meinem Bett! Und zwar sofort!"

Ein Blick auf seine Weckuhr verrät ihm, dass es drei Minuten nach sechs Uhr ist.

„Til, was soll dieses Theater in aller Herrgottsfrühe!?", schnauzt er ärgerlich seinen Enkel an, der aussieht wie ein Kind unter dem Weihnachtsbaum, beglückt von den Geschenken.

„Mein lieber Til: Es ist sechs Uhr, früh am Morgen, draußen ist es noch dunkel, außerdem Feiertag, und normale Menschen ruhen sich da noch aus, ich zumindest habe das vor!"

„Aber Opa, es schneit, es schneit! Wir können Schlitten fahren!"

„Wie bitte?" Opa Krause schaut seinen Enkel verdattert an. „Du spinnst wohl?!", entfährt es ihm mürrisch.

„Schau doch mal aus dem Fenster! Bitte!", bettelt Til.

Schlecht gelaunt, da unsanft aus dem Schlaf gerissen, wendet Opa Krause seinen Blick zum Fenster. Tatsächlich! Wattebauschgroße weiße Flocken taumeln davor auf und ab, hin und her. „Das müssen wohl Altershalluzinationen sein...", geht es Ludwig Krause durch den Kopf. Mühsam erhebt er sich, streicht seinen blauweiß gestreiften Schlafanzug glatt und schlurft mit schmerzenden Knie- und Hüftgelenken zum Fenster, öffnet es und streckt seine Hand hinaus. Eine frische, kalte Winterbrise weht ihm entgegen. Da landet auch schon eine große, wohlgeformte Flocke mitten auf seinem Handteller. Erstaunt betrachtet Opa Krause das wunderschön gestaltete, kühle Eiswunderwerk. Eine echte Schneeflocke!

„Das ist ja unglaublich! Da haben mir meine Arthrose-Schmerzen also mal wieder die Wahrheit vorausgesagt", wundert sich Ludwig Krause und schnippt die Schneeflocke von seinem Handteller, die überraschenderweise dadurch nicht zerstört wird, sondern sich in den Tanz der anderen abertausend Flocken einreiht, die vom Himmel schweben. „Das ist wirklich unglaublich! Gestern waren doch noch 15 Grad plus und jetzt schneit's!", ruft er aufgeregt und stapft in die Küche, gefolgt von seinem Enkel.

Die Natur schlägt Kapriolen

„Ein überraschender Schnee-Einbruch hat heute Nacht zu schweren Verkehrs-Beeinträchtigungen geführt", vermeldet eine sachliche Stimme aus dem Radio, das Opa Krause hastig eingeschaltet hat. „Die Meteorologen wissen keine Erklärung für den völlig unerwarteten Kälte- und Schnee-Einbruch im gesamten Odenwald. Um Mitternacht kam es zu einem ungewöhnlich großen Temperatursturz von plus 15 auf minus fünf Grad. Wie aus dem Nichts tauchten dunkle Wolkenbänder auf, aus denen seit null Uhr ein starker Schneefall erfolgte. Die Räumfahrzeuge sind ständig unterwegs, konnten aber bisher der Schneemassen nicht Herr werden. Im Raum Wilhelmsfeld–Schönau ist von Mitternacht bis heute Morgen sechs Uhr schon ein halber Meter Schnee gefallen. Noch schlimmer sind die Schneeverhältnisse im Raum Lindenfels, Neunkirchen, Michelstadt, Erbach: Dort fielen im selben Zeitraum gleich 85 Zentimeter Schnee. Fast ein ganzer Meter! Seltsamerweise ist die Temperatur im Raum Würzburg, Heilbronn und Aschaffenburg, also in den am Odenwald angrenzenden Städten, nur um fünf Grad gefallen, dort regnet es heftig. Schon 15 Kilometer südlich von Heidelberg und auch 15 Kilometer nördlich von Darmstadt mussten die Autofahrer heute Morgen bei sechs Grad plus durch Regenschauer fahren. Die Bevölkerung der vom Schnee gefährdeten Gebiete wird aufgefordert, sich nur sehr vorsichtig auf die Straßen zu wagen. Am besten Sie warten die Räumfahrzeuge ab. Schneeketten sind an vielen Stellen erforderlich."

Til und Opa Krause blicken sich stumm an. Was war denn hier passiert? Til setzt sich staunend, aber glücklich an den Küchentisch, an dem Opa Krause schon Platz genommen hat und nervös mit der Zuckerdose spielt. Wieder und wieder löffelt er einen Haufen Zucker heraus und lässt ihn dann langsam zurück in die Dose rieseln.

„Da stimmt doch was nicht!", entfährt es ihm nun, er steckt den Löffel wie einen Degen zurück in den Zuckerberg und schaut besorgt seinen Enkel an. „Meine Arthrose hat zwar einen Wettersturz angekündigt, aber doch nicht so was!"

Til zupft sich ein paar Stofffusel von seinem blauen Frottee-Schlafanzug und zuckt dabei mit den Schultern. „Also, ehrlich gesagt, Opa, wenn ich Schlitten fahren kann, dann…"

„Mein Gott, mein Gott!", unterbricht ihn der Großvater barsch und erhebt sich mit einem heftigen Ruck vom Stuhl. „Schlitten fahren! Wie kann man bei so etwas ans Schlittenfahren denken. Til, da draußen spielt die Natur verrückt, wenn du mich fragst, ist das eine Katastrophe!"

„Hä?", verdutzt schaut Til seinen Großvater an, der hektisch in der Küche auf und ab geht. Was hat er nur gegen den Schnee?

Die beiden ziehen sich schnell die Schlafanzüge aus und kleiden sich an. Opa Krause lässt die ganze Zeit das Radio eingeschaltet. Es vergehen keine zehn Minuten, und es gibt wieder neue Meldungen über die völlig überraschend hereingebrochenen Schneemassen. Die Meteorologen haben keine Erklärung für den Vorgang, vermeldet der Radiosprecher jetzt schon zum wiederholten Mal.

„Til, ich schlage vor, wir beide gehen mal nach unten auf die Straße und sehen uns das Ganze in natura an!", schlägt der Großvater vor, zieht seinen dicken grauen Woll-Wintermantel an, setzt sich seine warme Fellmütze auf, schlingt sich einen roten Strick-Schal um den Hals und packt energisch seinen Spazierstock, nicht ohne sich vorher seine wollenen naturfarbenen Fäustlinge übergezogen zu haben.

Til steht auch schon in voller Winterkleidung da: Einen grasgrünen Schneeanzug trägt er, dazu gelbe Schneestiefel und eine rote Wollmütze und rot gepunktete Fäustlinge.

Gemeinsam poltern sie die Treppen hinunter und wecken dadurch wahrscheinlich einige der Bewohner, die bestimmt bis dahin noch selig schliefen. Unten an der Haustür angekommen, drückt Opa Krause energisch die Klinke herunter. Doch die Tür bewegt sich nicht. „Abgeschlossen!", kommentiert Ludwig Krause und holt seinen Haustürschlüssel aus der Manteltasche, dreht ihn zwei Mal im Schloss herum und siehe da, die Tür geht nach innen auf. Doch was für ein Schock: Kaum ist die Tür geöffnet, als auch schon eine kleine Schneelawine in den Flur bricht. „Huch!" Til und Opa Krause weichen erschrocken zurück. Mit so etwas haben sie ja nicht gerechnet. Der Eingang ist über einen halben Meter hoch mit Schnee versperrt. „Mein Gott, was ist denn hier los! So viel Schnee haben wir in Heidelberg ja noch nie gehabt!" Opa Krause bekommt schwache Knie und prüft mit dem Spazierstock die Schneetiefe.

5

16

„Und was nun?", ratlos schaut Til seinen Großvater an und greift sich erst mal eine Ladung Schnee, um einen Schneeball zu formen.

„Ich schlage vor, wir gehen erst mal wieder hoch und dann, dann sehen wir weiter…" Opa Krause kratzt sich nachdenklich am Kinn und beobachtet Tils Bemühungen, eine runde, feste Schneekugel zu Stande zu bringen. Doch der Schnee scheint so trocken zu sein, dass er sich einfach nicht formen lassen will. Til wirft den Schnee enttäuscht zurück auf die Straße. Er hat sich so gefreut, einen Schneeball zu werfen! Opa Krause macht kopfschüttelnd kehrt und poltert, gefolgt von Til, all die Treppenstufen wieder hinauf in den vierten Stock. Oben angekommen, schlägt die Uhr der Heilig-Geist-Kirche sieben. Im Radio beginnen die Nachrichten: „…weiterhin ein starker Schneefall, der um Punkt Mitternacht einsetzte. Die Meteorologen sind ratlos. Die für den starken Schneefall verantwortliche Wolkenballung ist wie aus dem Nichts entstanden. Die Bevölkerung wird gebeten, Ruhe zu bewahren und abzuwarten, bis die Räumfahrzeuge ihre Arbeit getan haben…"

Opa Krause ist inzwischen im Wohnzimmer und hat den Telefonhörer in der Hand, doch da er noch die Fäustlinge anhat, kann er natürlich keine Nummer wählen. Fluchend zieht er sich also jetzt die Handschuhe aus. Til kichert und fragt erstaunt: „Wen willst du denn um diese Uhrzeit anrufen?"

Doch in diesem Moment hat Opa Krause schon Kontakt mit der angerufenen Person. „Guten Morgen!", ruft er fröhlich in den Hörer, so als wäre nichts geschehen. „Ich störe hoffentlich nicht?" Betreten schaut Ludwig Krause auf seine Schuhspitzen, doch dann hellt sich seine Miene auf. „Sie sind auch schon seit sechs Uhr auf!" Opa Krause nickt mehrmals. „Ja, ja, wir auch. Ja, ich wollte eigentlich nur… Sie, Sie meinen, kein Problem… Die werden den Schnee schon wegschaffen… Ja, da bin ich ganz Ihrer Meinung. Nun dann, bis heute Mittag, auf Wiedersehen, Frau Mitnacht!" Strahlend legt Opa Krause den Hörer auf und zieht munter vor sich hin pfeifend seinen Wintermantel, den Schal und die Fellmütze aus. Til staunt über die Wandlung seines Großvaters.

„Tja, mein lieber Til, ich schlage vor, wir nehmen ein kleines, winzig kleines Frühstück ein, und machen uns, sobald die Straßen frei sind, auf den Weg zu Frau Mitnacht. Sie kocht für uns trotz des unerwarteten Schnees!"

„Und deshalb hast du so früh bei ihr angerufen? Wegen dem Essen?" Til macht große Augen.

„Tja, mein Junge, wer was Rechtes werden will, muss auch was Rechtes im Magen haben!"

Til verdreht die Augen und wendet sich zum Fenster, um dem lustigen Tanz der Schneeflocken zuzuschauen. Ludwig Krause nimmt vorsichtig die Amaryllis vom Fensterbrett – damit es für sie nicht zu kalt wird wie er voller Sorge erklärt – und stellt sie auf den Wohnzimmertisch, dann geht er fröhlich pfeifend in die Küche.

17

Tatsächlich serviert der Großvater kurze Zeit später ein absolutes Hungermahl: Für jeden eine Scheibe trockenes Brot, für sich selbst hat er einen starken Kaffee gebraut, Til bekommt einen Kräutertee. Til will schon protestieren, doch als er den strengen Blick seines Großvaters sieht, ist ihm klar, dass das keinen Erfolg hätte. Also kaut er schweigend und widerwillig auf seinem Stück Brot herum.

Laut Nachrichten kommen die Räumungsarbeiten nur langsam voran. Inzwischen ist es zehn Uhr und Tils Magen knurrt. Mehrmals schon hat ihn der Großvater hinunter ins Treppenhaus geschickt, um nachzusehen, ob man schon raus kann. Jedes Mal kam Til mit einem negativen Bescheid zurück: Der Schnee war eher mehr geworden, weggeräumt war da jedenfalls noch nichts.

Plötzlich dringt ein lautes Motorengeräusch nach oben. Das muss von den Räumfahrzeugen kommen! Til und Opa Krause werfen sich wieder in ihre warme Winterbekleidung, Til schnappt sich seinen Schlitten, holt aus seinem Zimmer das Glücks-Hufeisen, wickelt es in ein Handtuch ein und bindet es dann mit einer starken Schnur wie ein Gepäckstück auf den Schlitten. Sein Großvater greift tatendurstig nach den beiden Schistöcken, die er sich vorhin aus seiner Rumpelkammer geholt hat, denn er war der Meinung, dass der Spazierstock ihm zu wenig Halt geben würde. Außerdem hat er noch zwei altmodische Schneebrillen gefunden, noch aus der Zeit, als er selbst jung war und mit seiner – leider verstorbenen Frau – oben in Wilhelmsfeld im Winter Schlittenfahren ging. Er selbst war nie besonders schneebegeistert, seine Frau aber umso mehr. Für Til ist die Schneebrille zwar ein bisschen zu groß, aber besser als keine, denkt sich Opa Krause. Neugierig auf die Schneemassen wagen beide nun den Weg nach unten auf die Straße.

„Wir nehmen am besten den Bus von der Peterskirche zum Bismarckplatz. Dort steigen wir um in die Straßenbahn nach Handschuhsheim!", kommandiert Opa Krause noch auf der Treppe. „Was hast du denn da auf den Schlitten gebunden?", fragt er überrascht.

„Mein Hufeisen!", gibt Til stolz zurück. „Das muss ich doch Xandra zeigen!"

„Hm, wenn du meinst!", brummt Opa Krause und geht weiter die Stufen hinunter. An der Eingangstür angekommen, öffnen sie diese vorsichtig. Ein kalter schneeiger Wind bläst ihnen entgegen und verhindert für einige Sekunden die freie Sicht. Doch als Ludwig Krause und sein Enkel sich an die kalte Schneeluft gewöhnt haben, glauben sie, ihren Augen nicht trauen zu können: Obwohl das Räumfahrzeug vielleicht vor gerade mal fünf Minuten vorbeigekommen ist, sind schon wieder einige Zentimeter Neuschnee gefallen. Rechts und links der Straße türmen sich riesige Schneeberge des geräumten eisigen Weiß. Opa Krause schüttelt verwundert den Kopf: „So schlimm war es nicht mal im Eiswinter im Jahr 1945, da war der Neckar zwar fast ganz zugefroren, aber an so viel Schnee kann ich mich nicht erinnern. Los Til, auf zum Bus, ehe wir einschneien. Die Straßen sind menschenleer, bei dem Wetter traut sich keiner vor die Haustür!" Verwundert schaut Ludwig Krause sich um. Kein Auto, keine Menschen, keine Katzen und keine Hunde sind unterwegs. Nicht mal ein Vögelchen ist zu sehen. Beständig und gleichmäßig tanzen sehr große Schneeflocken vom Himmel und bleiben liegen. Außer dem Knirschen des Schnees unter ihren Schuhen dringt kein Geräusch an Opa Krauses Ohr. Das Gehen im Schnee ist mühsamer, als Ludwig Krause gedacht hat. Schritt für Schritt kämpft er sich gegen die herniedertanzenden Schneeflocken voran und stützt sich dabei auf seine Schistöcke. Nach Atem ringend bleibt er vor dem Haus zum Ritter stehen. Dicht fallen die Flocken, so dass man kaum drei oder vier Meter weit schauen kann. Opa Krauses Blick bleibt an einem aufgestellten Schild vor der Heilig-Geist-Kirche hängen. Interessiert stapft er darauf zu. „Wegen Schneefall finden die Gottesdienste bis auf weiteres nicht statt. Gezeichnet: Der Pfarrer" steht darauf geschrieben.

Verstimmt nimmt Opa Krause diese Information zur Kenntnis und fuchtelt mit dem Schistock in der Luft herum: „Die hätten ja vielleicht beten können, dass Petrus ein bisschen weniger großzügig ist mit dem Schnee!", presst er

zwischen den Lippen hervor. „Aber Opa!", ruft Til und lacht. „Sei doch nicht so schlecht gelaunt! Denk lieber an das Mittagessen, das wir verpassen, wenn du noch lange hier stehen bleibst!"

„Da hast du auch wieder Recht!", brummt Ludwig Krause und setzt sich wieder in Bewegung.

„Mir gefällt der Schnee!", jubelt Til und rennt, den Schlitten hinter sich herziehend, ein Stück die Straße entlang. Die Schneeflocken umschwirren ihn, als ob sie ihn zum Tanz auffordern wollten. Til wird plötzlich fast schwindelig, als er sich zu stark auf die Schneeflocken konzentriert. Verwundert bleibt er stehen und will seinen Opa fragen, ob es ihm auch so geht, doch da kommt ihnen auf der Hauptstraße ein Trupp von drei Männern entgegen, die seine Aufmerksamkeit auf sich ziehen. In der linken Hand tragen sie riesige Eimer, mit der rechten Hand streuen sie etwas. Vielleicht Salz oder so was?

„Na, wohin denn bei dem Wetter?", fragt einer der Männer in scherzhaftem Ton und bleibt stehen.

„Zur Bushaltestelle an der Peterskirche, wir müssen nach Handschuhsheim!", erwidert Opa Krause und lüpft die Schneebrille. „Und übrigens: einen guten Morgen allerseits!", grüßt er und stemmt nun demonstrativ seine Schistöcke in den Schnee, in dem die Spitzen gut und gerne 15 bis 20 Zentimeter tief einsinken.

„Nun, da werden Sie leider zu Fuß gehen müssen!", erwidert ein anderer. „Busse fahren nämlich heute nicht. Das geht nicht, bei diesem Schnee."

„Außerdem, wie Sie wohl sehen, ist außer Ihnen niemand unterwegs. Und wir wären auch im Haus, wenn wir nicht von der Freiwilligen Feuerwehr wären. Wir müssen raus und streuen!", erwidert der Dritte.

„Und im Übrigen: einen schönen Tag noch!", meint nun der, der sie als Erster angesprochen hat. Die drei gehen weiter, Eis schmelzendes Granulat werfend und schimpfend, dass sie bei diesem Wetter nicht im Bett liegen bleiben dürfen.

„Opa, meinst du, es ist eine gute Idee, heute unbedingt zu Frau Mitnacht zu gehen?", fragt Til zaghaft, denn er fühlt sich irgendwie nicht gut. Er für seinen Teil hätte außerdem nichts dagegen, hier in der Altstadt zu bleiben, ein bisschen zu rodeln, irgendeine etwas steilere Gasse würde ihm für den Anfang reichen. „Du kannst doch auch ganz gut kochen…"

„Kommt nicht in die Tüte!", erwidert der Großvater spitz. „Ich habe uns angekündigt, also treffen wir auch pünktlich bei Frau Mitnacht ein. Dann gehen wir eben zu Fuß. Länger als eine Stunde wird es wohl nicht dauern!", meint Opa Krause mit energischer Stimme und wirft einen Blick auf die Turmuhr der Heilig-Geist-Kirche, die halb elf anzeigt.

Hühnerrettung in Handschuhsheim

Zur gleichen Zeit sind in Handschuhsheim Frau Mitnacht und Xandra schon intensiv mit den Vorbereitungen des Besuchs beschäftigt. Sie haben zusammen den großen Weihnachtsbaum, der bei Frau Mitnacht im Wohnzimmer steht und wunderschön mit Lametta, rot-goldenen Kugeln, echten Äpfeln und vergoldeten Nüssen, bemalten Holzengeln und roten Wachskerzen geschmückt ist, noch mit selbst gebastelten Strohsternen behängt, die Xandra in der Schule gemacht hat. Jetzt sind sie zur Vorbereitung des Weihnachtsessens übergegangen. Frau Mitnacht knetet gerade den Teig für die Knödel, da merkt sie, dass sie noch zwei Eier hinzufügen muss, der Teig ist viel zu trocken und zu bröselig. „Xandra, kannst du mal schnell in den Hühnerstall und nachsehen, ob die Hühner Eier gelegt haben? Ich brauche unbedingt zwei!"

Xandra, die mit dem Putzen des Feldsalates beschäftigt ist, schaut auf. „Muss das jetzt sein?" Jetzt fällt Frau Mitnacht plötzlich auf, wie müde Xandra aussieht. Ihr an sich leuchtend blondes Haar sieht auch nicht so schön aus wie sonst, irgendwie ist es stumpf und strähnig, und ihr Gesicht ist ganz schön blass. Der hellblaue Pullover, den sie heute trägt, unterstreicht das noch. Xandra hat zwar beim Frühstück erzählt, dass sie heute Nacht sehr schlecht geschlafen hat. Ein furchtbarer Traum habe sie gequält, sie wusste aber nicht mehr, um was es in dem Traum gegangen war. Frau Mitnacht hat sich darüber aber keine größeren Gedanken gemacht, einen Alptraum kann jeder mal haben, auch Kinder. Doch jetzt erschrickt sie ein wenig. Sollte sie das vielleicht doch ernster nehmen und sich Sorgen machen? Ob es vielleicht wegen Xandras Mutter ist?, überlegt sie sich und hört mit dem Kneten auf.

„Hättest du lieber gehabt, dass deine Mutter mit uns Weihnachten feiert?", fragt sie und Besorgnis schwingt in ihrer Stimme mit.

Xandra schüttelt energisch den Kopf. „Du meinst wegen des Traums?"

Frau Mitnacht nickt.

„Nein, das hat damit gar nichts zu tun, ich weiß doch, wie sehr sich Mama auf diese Woche gefreut hat."

Xandras Mutter ist von Beruf Psychotherapeutin und gönnt sich zur Erholung mindestens einmal im Jahr eine Woche Meditation. Dazu ist sie dieses Jahr in die Vogesen gefahren. In einem alten Kloster wurde eine Woche angeboten, in der die Teilnehmer den ganzen Tag nur schweigen und ansonsten meditieren. Xandras Mutter tankt bei so etwas immer unglaublich auf. Sie kommt wie verwandelt zurück.

„Ich bin einfach müde, weil ich nicht gut geschlafen habe, das ist alles! Außerdem hab ich Kopfweh!"

„Wenn du willst, gehe ich selber zu den Hühnern, ich wasch mir nur noch schnell die Hände!"

Frau Mitnacht eilt zum Waschbecken. Dann wirft sie sich ihre graue selbst gestrickte Wolljacke um und geht aus der Tür. Keine zwei Minuten später kommt sie atemlos zurück.

„Wir, wir, wir müssen …!"

„Oma, was ist denn los?" Xandra erschrickt. So fassungslos hat sie ihre Großmutter ja noch nie gesehen.

„Wir müssen die Hühner evakuieren!"

„Wie bitte?" Xandra versteht nicht, was ihre Großmutter damit meint.

„Der Stall ist schon halb eingeschneit, die Haustür genauso, ich bin nicht mal in den Hof gekommen. Und wenn Til und Herr Krause kommen, falls sie es überhaupt schaffen, dann müssen wir, dann müssen wir, wenn es so weiterschneit …", Frau Mitnacht schnappt nach Luft. Sie ist sichtlich vollkommen durcheinander.

„Dann müssen wir, falls es nicht bald aufhört zu schneien, einen Tunnel oder so etwas Ähnliches zur Straße hin graben, sonst erfrieren uns die beiden vor dem Haus."

„Was?" Xandra reißt die Augen weit auf. „Einen Tunnel graben? Hühner evakuieren?"

„Schau selbst!" Frau Mitnacht setzt sich erst einmal. Ihre Knödel sind ihr im Moment vollkommen egal. Solche Schneemassen hat sie noch nie im Leben gesehen. Das Schlimmste ist, dass es von oben weiter runterschneit, wie verrückt. Ihre Gedanken überschlagen sich. Wo könnte sie die Hühner unterbringen? Im Keller? Dort hat sie auch die Strohballen gelagert, damit könnte man den Boden ausstreuen … Oder in der Waschküche? Wie kommt sie überhaupt zum Hühnerstall? Und wie sollen sie einen Weg zur Straße hin graben? Vielleicht war Herr Krause vernünftig und war erst gar nicht aufgebrochen … Ein schwacher Hoffnungsschimmer erhellt ihr Gesicht. Sie eilt ins Wohnzimmer und wählt Herrn Krauses Nummer. Doch am anderen Ende der Leitung nimmt niemand ab.

Jetzt kommt Xandra totenblass die Treppen heraufgestolpert. Sie sieht aus, als hätte sie ein Gespenst gesehen.

„Xandra, um Gottes willen, was ist denn los?"

„So, so, so viel Schnee hab ich noch nie gesehen!", stottert Xandra.

„Ich hab auch einen Riesenschreck bekommen, als ich die Schneemassen gesehen habe!", stimmt Frau Mitnacht ihr zu. „So viel Schnee hatten wir in Heidelberg ja noch nie. In den letzten Jahren ein paar Zenti-meterchen, in meiner Jugend war's mal kniehoch, daran erinnere ich mich noch… Aber so viel wie jetzt, das gab's noch nie!"

Xandra scheint sich wieder beruhigt zu haben, deshalb fordert die Großmutter sie auf: „Weißt du was: Wir retten jetzt erst mal die Hühner. Leben retten ist immer noch besser als düsteren Gedanken nachzuhängen. Komm, das schaffen wir nur gemeinsam!"

Frau Mitnacht packt Xandra in ihren roten Schneeanzug, stellt ihr die Winterstiefel vor die Füße und legt die weißen Handschuhe und den Schal hin. Dann zieht sie sich selbst ihren langen braunen Wintermantel und die hohen Winterstiefel an, die grüne Bommelmütze auf den Kopf und grüne Strickhandschuhe. Das wäre doch gelacht, wenn sie die zehn Meter zum Hühnerstall nicht in einer halben Stunde frei hätten… Frau Mitnacht hat sich entschieden, die Hühner in den Keller zu sperren. Einer der Kellerräume ist so gut wie leer, darin hat sie nur ihre Spankörbe gelagert.

Frau Mitnacht öffnet die Tür hinaus in den Hof. Der Schnee liegt bestimmt schon einen Meter hoch, er reicht Xandra bis zum Po. Eisige Kälte schlägt ihnen entgegen. Frau Mitnacht zieht die Nase kraus. Der intensive Schneegeruch bringt sie fast zum Niesen. Zum Glück ist es ganz leichter Pulverschnee und kein nasser Papp-schnee. Frau Mitnacht zieht ihren Wollhandschuh aus und fährt mit der nackten Hand durch das schöne Weiß. Die einzelnen Schneekristalle stieben vor ihrer Hand auf, schweben ein bisschen in der Luft und lassen sich sanft wieder nieder. Aneinanderpappen tut der Schnee in keiner Weise. Frau Mitnacht runzelt die Stirn. Das ist aber ein ungewöhnlich trockener Schnee! Doch umso besser für die Rettungsaktion. Wäre es nasser Papp-schnee gewesen, hätten sie eine Ewigkeit gebraucht, um sich einen Weg zum Hühnerstall zu bahnen. Mutig läuft Frau Mitnacht einfach in die Schneemauer hinein, und siehe da, es ist überhaupt nicht so schwierig, sich einen Durchgang zu bahnen.

Xandra steht zögernd in der Tür. Prüfend schnuppert sie die frische Schneeluft. Dicke, weiche wohlgestaltete Schneeflocken tanzen vom Himmel herab.

Frau Mitnacht hat es ziemlich schnell geschafft, bis zum Hühnerstall vorzudringen. Als sie die Stalltür öffnet, schauen die Hühner sie ganz verstört an, selbst der Hahn sitzt furchtsam bei den Hennen. Sie haben sich in die

hinterste Ecke zurückgezogen und hocken alle ganz nahe beieinander und drucksen ängstlich vor sich hin. Als sie Frau Mitnacht erkennen, gackern sie erleichtert los. Frau Mitnacht schnappt sich das erste Huhn, das sie zu fassen bekommt, und reicht es Xandra, die in diesem Moment ebenfalls in den Stall schlüpft, packt sich ein zweites und marschiert los zurück in Richtung Haus. So holen sie nach und nach jedes Huhn und setzen es unten in den Keller. Als Letzter wird der Hahn geholt. Der weigert sich erst, doch als er merkt, dass alle Hühner weg sind, lässt er sich bereitwillig von Frau Mitnacht packen. Schnell wird noch Stroh gestreut, und dann atmet Frau Mitnacht erleichtert auf. Das wäre geschafft!

„Kannst du noch nachsehen, ob die Hühner vielleicht ein paar Eier gelegt haben?", bittet sie Xandra.

Diese nickt und läuft los. Es ist schon komisch, zwischen zwei Wänden aus hohem Schnee hindurchzulaufen. Es knirscht herrlich unter ihren Füßen, als sie auf den Stall zuläuft. Die Flocken taumeln fröhlich vom Himmel, manchmal von einem leichten Windstoß ergriffen, und taumeln wieder nach oben. Xandra lacht und hüpft pfeifend auf den Stall zu. Im Hühnerstall angekommen findet Xandra tatsächlich fünf Eier. Die steckt sie sich in die Taschen und bringt sie in die Küche.

Dann hilft sie ihrer Großmutter, einen Gang zur Straße freizuräumen, damit Herr Krause und Til auch zu ihnen finden können.

Schnee, Schneebesen und echte Lebkuchen

Es hat gut und gerne zwei Stunden gedauert, bis Ludwig Krause und sein Enkel endlich an der Tiefburg angelangt sind. Allein die Strecke bis zum Bismarckplatz hat schon eineinhalb Stunden in Anspruch genommen, da sich die beiden immer wieder durch hohe Schneeverwehungen kämpfen mussten. Und wenn sie dort nicht eine der Räummaschinen nach Handschuhsheim bis vor die Tiefburg mitgenommen hätte – auf dem Beifahrersitz mitsamt dem Schlitten –, dann hätten sie es wahrscheinlich nie geschafft überhaupt bei Frau Mitnacht anzukommen, sondern sie wären jämmerlich erfroren. Außerdem scheint Til so eine Art Schnee-allergie zu haben, denn ihm ist dauernd

schwindlig und er behauptet, dass sich die Schneeflocken ständig vor ihm im Kreis drehen würden. Opa Krause kann das allerdings nicht nachvollziehen. Ihm macht eher die Kälte zu schaffen. Nicht nur, dass es ununterbrochen schneit, die Temperatur ist auch von heute Nacht minus fünf auf heute Morgen um sieben minus zehn gesunken. Jetzt um 13.20 Uhr steht das Quecksilber bereits auf minus 15 Grad. Es ist wirklich bitterkalt.

Zu allem Unglück ist natürlich auch der Zugang zu Frau Mitnachts Haustür über einen Meter hoch eingeschneit, so dass Til und Opa Krause noch einige Zeit brauchen, um sich bis zur Tür vorzuarbeiten. Wie groß ist die Freude, als plötzlich nach der Hälfte der Strecke die Haustür von Frau Mitnacht aufgeht, und Frau Mitnacht und Xandra ihnen mit lautem Hallo entgegenkommen. Die lauten Begrüßungsrufe durchbrechen die seltsame Stille, in die Stadt und Landschaft eingehüllt sind. Durch den ununterbrochenen Schneefall wird fast jedes Geräusch erstickt. Es ist, als wäre die ganze Welt in eine seltsam gefühllose, kalte, stumme Watte gepackt. Umso überraschender ist dann der laute und fröhliche Begrüßungstanz, den die vier noch im Schnee aufführen.

Frau Mitnacht nimmt Til das Zugseil vom Schlitten ab, da sie gemerkt hat, dass er ziemlich am Ende mit seiner Kraft ist. Til ist heilfroh, als er endlich in der Wohnung ist. Dass ihm der Schnee so auf das Gemüt schlagen würde, das hätte er nie und nimmer gedacht. Bevor Frau Mitnacht den Schlitten hinein in den Hauseingang nimmt, will sie die Schneeschicht, die sich auf der Sitzfläche gebildet hat, abschütteln. Doch als sie gerade dabei ist, den Schlitten hochkant zu nehmen, stutzt sie: „Was ist denn das für ein komisches Muster?", fragt sie erstaunt. Der Schnee hat sich in Form einer Schneckennudel auf dem Schlittenrücken niedergelassen.

Doch da die anderen schon ins Haus gestürmt sind, hat keiner Frau Mitnachts Worte gehört. Kopfschüttelnd klopft sie nun den Schnee ab und entdeckt das auf den Schlitten gebundene Handtuchbündel, nestelt es ab, wundert sich, was da Schweres drin ist und nimmt es hinein in die Wohnung und überreicht es Til.

Frau Mitnacht begibt sich sogleich in die Küche. Til und Ludwig Krause wärmen sich im Wohnzimmer erst mal auf. Til geht es auch sofort besser, das Schwindelgefühl ist vorbei, außerdem ist er – wie konnte es anders sein – restlos begeistert von dem großen, reich geschmückten Weihnachtsbaum. Opa Krause muss sich lang und breit von Til anhören, wie lächerlich mickrig seine kleine Kerze sich dagegen ausnimmt. Ludwig Krause versucht zwar zaghaft, sich zu verteidigen, doch als Xandra dann auch noch ankommt und Til erklärt, dass jedes Stück, das am Baum hängt, seine Bedeutung hat, und vor der Oma schon deren Oma gehörte, bis auf die Strohsterne natürlich, da hält Opa Krause lieber den Mund und konzentriert sich auf das bevorstehende Essen. Theatralisch packt nun Til das Hufeisen aus und hält es Xandra vor die Nase. Die staunt nicht schlecht, denn so ein großes Hufeisen hat sie noch nie gesehen. Til legt es unter den Weihnachtsbaum, wo es den Schimmer der Kerzen einfängt und auf wundersame Weise zu glänzen beginnt. Doch je länger Til das Hufeisen anschaut, desto komischer wird es ihm im Kopf und auch gleich meldet sich der Schwindel wieder. Deshalb legt Til es so hin, dass es hinter dem Metallfuß, in dem der Weihnachtsbaum steht, liegt, und man es nicht mehr sehen kann. Und gleich geht es ihm wieder besser. Til wundert sich sehr darüber und will es gerade den anderen erzählen und sie fragen, ob es ihnen auch so geht, doch

26

in dem Moment ruft Frau Mitnacht zu Tisch. Aus der Küche duftet es so herrlich, dass allen vieren das Wasser im Mund zusammenläuft. Haben sie einen Kohldampf!

Tils Großvater hat schon Recht, Frau Mitnacht ist eine begnadete Köchin. Erst gibt es ein heißes Markklößchen-Süppchen, dann Stallhase mit Rotkraut und Knödeln, dazu herrlichen Feldsalat und als Nachtisch für jeden einen selbst gebackenen Lebkuchen. Munter erzählt Frau Mitnacht, dass die Holzform für den Lebkuchen

schon ihrer Ururgroßmutter gehörte und dass die Lebkuchenbäckerei im Odenwald eine lange Tradition hat.

Über das gute Essen hinweg haben die vier fast vergessen, dass es immer noch ununterbrochen schneit. Als auch das Dessert in den Bäuchen verschwunden ist, wundert sich Opa Krause: „Wollte Frau Stefan nicht auch kommen?" – Agnes Stefan, Taxifahrerin von Beruf, wohnt ein Haus weiter. Sie hat bei Tils und Ludwig Krauses letzten Abenteuern jedes Mal entscheidend zur Lösung der abenteuerlichen Fälle beigetragen.

„Stimmt!", Frau Mitnacht nickt mit dem Kopf und steht auf, um abzuräumen. „Sie hat heute Morgen angerufen und lässt Sie auch herzlich grüßen. Sie meinte aber, bei dem Wetter würde sie keinen Fuß vors Haus setzen. Da würde sie ja erfrieren."

„Schade!", rufen Ludwig Krause, Til und Xandra wie aus einem Mund. Vor lauter Hunger hatten sie gar nicht mehr an Frau Stefan gedacht.

„Wir können sie doch mal anrufen!", schlägt Xandra vor.

„Gute Idee, mein Kind!", lobt Opa Krause und streicht Xandra über die Backe. Nachdem sie gemeinsam das Geschirr und die Töpfe gespült haben – Opa Krause hat es sich nicht nehmen lassen abzutrocknen –, holt Frau Mitnacht das Telefon, legt Herrn Krause einen Zettel hin, auf dem die Telefonnummer von Frau Stefan notiert ist, und Ludwig Krause wählt. Agnes Stefan meldet sich auch am anderen Ende der Leitung, doch Opa Krauses freudiges Begrüßungsgesicht verwandelt sich gleich in ein besorgtes Faltengesicht. „Wie bitte?" Opa Krause schnauft. „Nein, das haben wir nicht. Ja, wenn Sie's sagen. Gut. Dann bis später." Aufgeregt legt er den Hörer auf.

„Was war?", bestürmen ihn Xandra und Til. Es ist unübersehbar, dass Opa Krause eine schlechte Nachricht erhalten hat. Er ist kalkweiß im Gesicht und ähnelt damit mehr einem Schneemann als einem Menschen, seine beiden Hände zittern leicht.

Opa Krause scheint die beiden überhört zu haben, wendet den Blick zu Frau Mitnacht und fragt kurz und knapp: „Haben Sie einen Fernseher?"

Frau Mitnacht nickt und deutet auf einen dunklen Kasten im Wohnzimmer, der mit einem großen rosa-weiß-farbigen Häkeldeckchen zugedeckt ist. Das zieht sie beiseite, und zum Vorschein kommt eine dunkle Mattscheibe. „Sat 1 bitte!", wünscht Opa Krause mit belegter Stimme. Es hört sich an, als hätte er einen Kloß im Hals.

Spiralwolken über dem Odenwald

Es knistert und flimmert, und im nächsten Moment taucht ein Bild auf. Til, Xandra, Opa Krause und Frau Mitnacht nehmen in den Sesseln vor dem Fernseher Platz und starren gebannt auf den Bildschirm.

„Diese nicht zu identifizierenden Luftströmungen scheinen für den überraschenden Schnee-Einbruch im Odenwald und seinen Randbezirken verantwortlich zu sein. Eine Art Spiralwolke, die noch niemals von irgendeinem Meteorologen gesichtet wurde. Es sieht so aus, als würde die innere Drehgeschwindigkeit der Wolkenballung zunehmen. Aber ob das Phänomen, das Sie in der Mitte der Wolkenspirale sehen können, damit auch wirklich richtig gedeutet ist, kann man nicht mit Bestimmtheit sagen. Schauen Sie hier, das scheint das Zentrum des Ganzen zu sein." Auf dem Fernsehbild taucht eine pfeilartige Markierung auf. „Doch dieses – sagen wir mal – ‚Zentrum' bewegt sich. Es ist einmal vor der Spiralwolke, die sich dann auch sehr schnell zu einer Art Röhre verformt, wie Sie hier sehen, mal ist es hinten an der Spiralwolke, dann auch röhrenförmig" – wieder huscht eine Markierung über die Mattscheibe, diesmal von vorne nach hinten. „Doch wie gesagt, was das bedeutet, kann Ihnen im Moment niemand der hier anwesenden Expertinnen und Experten sagen. Dieses seltsame röhrenförmige Gebilde ist auf alle Fälle eingehüllt in immense Wolkenschichten, die wiederum ungewöhnlich prall mit Schnee gefüllt sind." Das Bild auf dem Bildschirm verändert seinen Fokus und sichtbar wird eine riesengroße, dunkle, watteartige, sehr stark aufgeplusterte Wolke. Das seltsame Ding im Inneren ist jetzt kaum noch zu erkennen. „Aus diesen Wolkenmassen schneit es unaufhörlich, ein Ende des Schneefalls scheint nicht absehbar zu sein."

Es folgen noch einige Minuten unverständliches Meteorologen-Kauderwelsch, dem keiner folgen kann. Dann werden noch weitere Sachverständige nach ihrer Einschätzung der Lage des tief verschneiten Odenwalds befragt: „Wie man auf dem Satellitenbild erkennen kann..." – das Portrait des Mannes verschwindet und der dunkeldüstere Watte-Nebel nimmt wieder den gesamten Bildschirm ein – „... scheint die Wolkenformation sich in keiner Weise zu verändern. Eigentlich müsste sie sich ja irgendwann einmal ausgeschneit haben."

„Und auch die Ursache der ständig fallenden Temperaturen können wir im Moment nicht ausmachen, ebenso wenig haben wir eine Erklärung dafür, warum sich das Schneechaos nur auf den Odenwald beschränkt", wirft jetzt eine helle Frauenstimme ein. „Sie meinen, das seltsame Schauspiel kann noch eine ganze Weile dauern?", fragt jetzt eine weitere weibliche Stimme – wohl die der Moderatorin. „Wir suchen fieberhaft nach einer Erklärung", gibt die Expertin matt zurück. „Noch etwas anderes macht uns große Sorgen", setzt sie nun nach und schaut wirklich beunruhigt aus. „Wie viele der Zuschauerinnen und Zuschauer vielleicht schon selbst festgestellt haben, ist der Schnee von einer seltsamen Konsistenz: ungewöhnlich trocken, die einzelnen Schneekristalle sind vollkommen unverbunden, bilden also keine richtige Schneedecke, wie wir es gewohnt sind. Experten sind dabei, den Schnee genauer zu untersuchen."

Da nun ein Werbeblock folgt, schaltet Opa Krause den Ton weg. „Das haben wir in der Tat auch schon bemerkt – der Schnee ist nicht so, wie Schnee sein sollte!", brummt er und Frau Mitnacht nickt zustimmend. Plötzlich meint Opa Krause verstört: „Und wie kommen wir eigentlich heute Abend zurück in die Steingasse?"

Alle Blicke wenden sich zum Fenster. Außer dicken, bauschigen Schneeflocken, die unermüdlich nach unten fallen, ist nichts zu sehen. Normalerweise kann man vom Wohnzimmerfenster von Frau Mitnacht aus die alten Mauern der Tiefburg sehen. Doch selbst das ist so gut wie unmöglich. Opa Krause reißt das Fenster auf. Eiskalte schneeige Luft strömt ins Zimmer hinein. Doch kein Geräusch dringt von der Straße in die Wohnung. Niemand scheint sich draußen aufzuhalten, die geräumte Spur auf der Straße ist sicherlich schon wieder vollkommen eingeschneit, so genau ist das gar nicht zu erkennen, da die Flocken wie ein dichter weißer Vorhang den Blick bis zur Straße verwehren. Als Opa Krause den Kopf aus dem Fenster steckt, ruft er entsetzt: „Meine Güte! Das darf doch nicht wahr sein!" Schnell zieht er den Kopf wieder ein und Frau Mitnacht reckt nun ihrerseits den Kopf weit hinaus. „O mein Gott!", ruft sie erschrocken und schaut entgeistert Herrn Krause und die Kinder an. Die Schneedecke ist nämlich inzwischen schon bis über die Fenster des Erdgeschosses ange-wachsen!

„Sie werden wohl hier bleiben müssen, Herr Krause!", sagt Frau Mitnacht nun und versucht sich über die Situation klar zu werden. Opa Krause dagegen schnauft so laut, dass man den Eindruck hat, er würde sich jeden Moment in eine Dampflok verwandeln. Deshalb legt Frau Mitnacht ihm beruhigend die Hand auf den Arm. „Keine Sorge. Ich habe genug Betten und auch Zimmer. Sie werden sich wie in einem ganz gemütlichen Hotel fühlen."

„Geht's dir gut, Opa?", fragt Til und schaut den Großvater besorgt an.

„Geht schon wieder, geht schon wieder!", meint Opa Krause und beginnt wieder normal zu atmen. „Ich glaube, ich hatte so eine Art Schneeschock!"

Til nickt. Das kann er gut verstehen. Insgeheim ist er aber froh, dass er hier bei Xandra und Frau Mitnacht bleiben kann. Zu Hause in der Steingasse wäre es ihm womöglich doch sehr langweilig geworden. Mit dem Großvater allein in der Steingasse eingeschneit zu sein, das wäre ein Abenteuer, das er froh ist, nicht bestehen zu müssen.

„Zudem ist meine Speisekammer gut gefüllt. Und auf Ihr Anraten, Herr Krause, habe ich mir dieses Jahr sogar eine Tiefkühltruhe angeschafft, die ebenfalls bis an den Rand voll mit Köstlichkeiten aus dem Garten ist." Plötzlich ist Frau Mitnacht wieder die Ruhe selbst. Ihre Gedanken wandern in die Vergangenheit, sie lächelt. Sie erinnert sich gut an die hitzigen Diskussionen mit Herrn Krause über Sinn und Unsinn einer solchen Anschaffung.

„Und erfrieren werden wir auch nicht!", meint nun Xandra und deutet in Richtung Küche. „Selbst wenn die Heizung ausfällt, hat meine Oma in der Küche einen echten Holzherd! Und frische Eier werden wir auch jeden Tag haben", fügt Xandra fröhlich hinzu, „die Hühner haben wir nämlich in den Keller evakuiert!" Dabei betont sie das Wort ‚evakuiert' so witzig, dass Ludwig Krause lachen muss.

„So sind wir also auf eine längere Schneebelagerung bestens eingerichtet", meint er nun und schickt sich in die neuen Gegebenheiten.

In diesem Moment klingelt schrill das Telefon. Frau Mitnacht eilt zu dem Tischchen, auf dem es steht, und ergreift den Hörer. „Ja, Frau Stefan. Danke, wir haben es gesehen." Frau Mitnacht streicht sich mit der linken Hand die bunte Küchenschürze glatt, nimmt in einem ihrer Wohnzimmersessel Platz und lauscht in die Hörmuschel. „Aber mein Kind, das ist ja schrecklich!" Wieder hört sie zu. Dabei zwirbelt sie nervös an dem Band ihrer Schürze, die sie vor dem Bauch zusammengebunden hat. „Ja, in Ordnung. Wir werden uns was überlegen. Ich rufe Sie wieder an."

Alle Augen richten sich gespannt auf Frau Mitnacht, die sich langsam erhebt und ein sehr besorgtes Gesicht macht. In ihren dicken, grauen Filzpantoffeln geht sie ein paar Schritte in der Wohnung hin und her, es ist ihr deutlich anzusehen, dass sie intensiv nachdenkt. Schließlich räuspert sie sich und sucht nach den richtigen Worten. „Ähm, ähm, wie soll ich sagen …"

„Nun reden Sie schon!", poltert Opa Krause ungeduldig und läuft hektisch im Wohnzimmer auf und ab. Er bildet einen großen Gegensatz zu Frau Mitnacht, die die Ruhe selbst ist. Ihr Blick streift Ludwig Krause, Til und Xandra, dann holt sie tief Luft und sagt: „Anders als wir hat Frau Stefan keine oder kaum Vorräte. Eine Tiefkühlpizza und zwei Tafeln Schokolade und zwei Flaschen Cola. Das war's. Außerdem, und das ist das Schlimmste, ist die Heizung ausgefallen, so dass es eiskalt in der Wohnung ist. Zudem ist sie ganz allein im Haus, denn die Nachbarn sind in den Weihnachtsferien, Schifahren in den Alpen …"

„Oh!" Opa Krause stoppt mitten in seiner nervösen Herumlauferei und schlägt die Hände vors Gesicht. „Auch das noch!"

31

„Wir müssen sie evakuieren!", ruft Xandra und ist stolz, dass sie diesmal das Wort evakuieren richtig ausgesprochen hat. Sie ist bereits dabei, einen Plan zu schmieden.

„Und wie?", fragt Til zerstreut. Er ist überhaupt noch nicht richtig bei der Sache, denn die Bilder, die er vorhin im Fernsehen gesehen hat, lassen ihn nicht los. Kaum hatte er diese seltsame dunkle Spiralwolken-Ballung gesehen, ging das Schwindelgefühl schon wieder los. Was hat das zu bedeuten? Es ist genauso wie mit dem Hufeisen … Ob es ihm vielleicht doch Schwindel statt Glück bringt?

„Hm", brummt Opa Krause verstimmt. Er ist in einem der Sessel versunken und hüllt sich in nachdenkliches Schweigen. Dabei wandert sein Blick unstet über die verschiedenen kleinen Ölgemälde, die an der Wand hängen: Blühende Blumen in allen Farben… Opa Krause schüttelt bedauernd den Kopf. Der Winter war noch nie seine Lieblingsjahreszeit. Ludwig Krause ist gerade dabei, in einer Tagträumerei in seinen von der Sommersonne beschienenen Garten abzudriften, als ihn Xandras Stimme zurückholt. „Ich hab's!", ruft Xandra laut und begeistert, springt auf, läuft in ihr Zimmer und holt von dort ein Blatt Papier und einen Stift. Sie legt das Papier auf den Couchtisch und zeichnet eine Skizze: „Hier ist unser Haus, dort ist Frau Stefans. Meine Großmutter und sie, beide wohnen im zweiten Stock …"

„… der bestimmt auch bald ganz eingeschneit sein wird …", brummt Opa Krause missmutig und deutet zum Fenster. Wenn das so weiter schneit, wird heute Nacht der Schnee bis ans Fenster des zweiten Stockes reichen.

Xandra lässt sich davon nicht beeindrucken, sondern fährt in ihren Erklärungen fort: „Wir versuchen irgendwie von Fenster zu Fenster einen Schneepfad zu bahnen, sobald der Schnee hoch genug ist, und dann holen wir Frau Stefan zu uns!", schlägt sie vor und zieht mit dem Zeigefinger auf dem Blatt eine Linie von Frau Mitnachts zu Frau Stefans Haus.

„Und wie soll das gehen, wenn ich fragen darf?" Ludwig Krause ist von dieser Aktion nicht gerade begeistert. Schnee war noch nie seine Leidenschaft, das spürt er mehr und mehr. Außerdem ist das Ziehen in seinen Kniegelenken wieder heftiger geworden, was auf nichts Gutes schließen lässt.

Dramatische Rettungsaktion

Xandra erklärt, wie sie sich die Evakuierung von Frau Stefan vorstellt. Nach jedem Satz macht sie eine Sprechpause, um die Spannung zu erhöhen. Dabei nickt sie leicht mit dem Kopf, so dass ihr Pferdeschwanz jedes Mal auf und ab wippt. Das sieht sehr witzig aus. Wenn es ihnen gelingt, so führt Xandra aus, sich von Fenster zu Fenster einen Pfad durch den Schnee zu bahnen, wäre das der kürzest mögliche Weg, um zu Frau Stefan zu kommen und sie dann zu holen, wenn sie sich schon selbst nicht traut. Der Vorschlag leuchtet allen außer Opa Krause ein. Brummend erhebt er sich und murmelt ein „Das kann nie und nimmer gut gehen" in seinen Bart hinein und zieht sich zurück. Er setzt sich allein in die Küche und schließt hinter sich die Tür. Er muss jetzt mal eine Weile seine Ruhe haben. Ununterbrochen mit Menschen zusammen zu sein ist er nicht gewohnt. Ihm schwirrt der Kopf und eigentlich hat er nur das Bedürfnis, bei sich zu Hause in der Steingasse zu sein. Doch das geht ja leider nicht! Seine Gedanken schweifen zu Xandras Idee von der Fenster-zu-Fenster-Rettungsaktion. Dieser Plan ist ihm viel zu wenig durchdacht, deshalb will er sich auch gar nicht erst groß beteiligen. Er stützt seine Ellenbogen auf den Küchentisch, legt den Kopf in die Hände und überlegt angestrengt, was er tun könnte, um wieder zurück in die Steingasse zu kommen. Ab und zu lässt er auch einige Gedanken zu, die sich mit der Rettung von Agnes Stefan beschäftigen.

In der Zwischenzeit haben Frau Mitnacht, Xandra und Til, die Xandras Plan ganz überzeugend finden, beschlossen, ihn in die Tat umzusetzen. Die Schneegrenze endet ungefähr einen halben Meter unterhalb des Fensterbrettes vom Wohnzimmerfenster. Das heißt, seit heute Nacht sind schon über vier Meter Schnee gefallen! Sie stehen vor dem geöffneten Wohnzimmerfenster und starren auf die weiße Pracht, die sich vor ihren Augen auftut. Vorher haben sie natürlich die Tür zum Wohnzimmer geschlossen, damit die Kälte, die durchs offene Fenster ins warme Zimmer eindringt, nicht die ganze Wohnung auskühlt. Außerdem haben sie sich in ihre Winterkleidung gehüllt, Mützen auf den Köpfen, Fäustlinge an den Händen und Schals um den Hals. Til steht schon auf dem Fensterbrett, hinter seinem Rücken das Wohnzimmer und vor sich eine ausgedehnte, glatte Schneefläche, auf der nach wie vor – ohne Unterlass – unendlich viele Schneeflocken landen. Er rückt sich die neue Schneebrille zurecht und setzt sich aufs Fensterbrett. Dann stößt er sich mit den Händen ab und streckt beide Beine der Schneedecke entgegen. Schon berührt sein rechter Fuß die wattige weiße Decke. Til verlagert das Gewicht auf den rechten Fuß und macht einen mutigen Schritt. Es ist der allerfeinste Pulverschnee, den man sich nur vorstellen kann. Das spürt Til seltsamerweise in einem Bruchteil einer Sekunde ganz deutlich, noch bevor sein Fuß auf die Schneedecke richtig aufsetzt. Sein Gefühl sagt ihm, dass irgendetwas nicht stimmt. Als Til mit seinem ganzen Gewicht auf der Schneedecke landet, da bietet diese überhaupt keinen Widerstand! „Hilfe!", schreit Til gellend und versinkt sofort im Schnee. Er schlägt wie wild um sich, doch dadurch bricht er nur noch tiefer in der weichen, eiskalten Schneedecke ein. Schnell ist er bis über den Kopf eingesunken.

„Hilfe! Hilfe!", schreit Til und fuchtelt verzweifelt mit den Armen und strampelt mit den Füßen und versucht, irgendwo Halt zu finden. Doch der Schnee dringt in seinen offenen Mund und Til verschluckt sich. Die heftigen Hustenkrämpfe, die ihn jetzt schütteln, bewirken, dass er nur noch weiter absinkt. Der Schnee schmiegt sich wie eine eiskalte zweite Haut um ihn. Til hat das Gefühl, der Schnee wolle ihn packen, festhalten, verschlingen. Und das Allerschlimmste ist, dass Til keine Luft mehr bekommt. Deshalb reißt Til seinen Mund weit auf, um zu atmen. Dabei dringt natürlich nur noch mehr von diesem schrecklichen, fürchterlich kalten Schnee in seinen Mund, so dass ihm seine Zunge wie ein Eiszapfen vorkommt. Seine Zähne schmerzen wild. Er hat das Gefühl, sein ganzer Kopf wird von innen her tiefgekühlt. Und gleichzeitig geht auch schon wieder der Schwindel los!

„Wir müssen ihn retten!", schreit Xandra und klammert sich an ihre Großmutter fest. „Immer ruhig bleiben, Kind, immer ruhig bleiben!" Frau Mitnacht löst vorsichtig die zu Fäusten verkrampften Hände von ihrem Mantel und beeilt sich einen Stock tiefer zu kommen, in die Wohnung ihrer Tochter. In der Zwischenzeit ist natürlich Opa Krause auf Xandras Geschrei aufmerksam geworden und hat sich auf den Weg ins Wohnzimmer gemacht, um den Grund dafür zu erfahren. Als er die Tür öffnet, schlägt ihm eisige Luft wie eine Keule ins Gesicht. Im selben Moment rennt ihm Xandra schluchzend entgegen und klammert sich an ihm fest. „Til ist … Til ist …"

„Ja, wo ist denn Til?", fragt Opa Krause und versucht durchzuatmen. Seine Lungen weigern sich aber, die eiskalte Luft in sich hineinzulassen. Opa Krause taumelt und hält sich an einem Sessel fest. Fast wäre er in den wunderschön geschmückten Weihnachtsbaum gefallen. Das Hufeisen schimmert in seltsamen Farben, als Opa Krauses Blick es zufällig streift. Xandra, die sich an Opa Krause geklammert hat, fällt dabei auf den Boden. Langsam gewöhnt sich Ludwig Krause an die Eiseskälte und versucht Xandra zu beruhigen, die am Boden von heftigen Schluchzern geschüttelt wird und kein Wort herausbekommt.

Nun geht Opa Krause schnurstracks zum Fenster, um es zu schließen, denn eine unangenehme Eiseskälte kommt von draußen herein. Xandra ist aufgesprungen und hängt sich an seinen Arm. Sie versucht, ihn davon abzuhalten. Doch da sie immer noch wie ein Schlosshund weint, versteht der Großvater natürlich nichts von dem, was sie vor sich hin schluchzt, und schließt das Fenster kurz entschlossen, obwohl Xandra sich heulend wie eine Wilde dagegen wehrt. Schon hat sich ein Häufchen Schnee auf dem Teppichboden gesammelt und macht seltsamerweise erst einmal keine Anstalten, zu einer Pfütze zusammenzuschmelzen.

„Til ist doch da draußen!", schluchzt jetzt Xandra laut und herzzerreißend. Sie lässt Opa Krauses Arm los und setzt sich auf den Boden, um weiterzuheulen.

„Was!!!", Opa Krause stürzt zum Fenster, reißt es

35

auf und starrt hinaus. „Wo denn!?" So weit er schauen kann, nur eine geschlossene weiße Schneedecke und vom Himmel herabfallende Flocken.

Xandra hat sich endlich etwas beruhigt und ahnt, was ihre Großmutter vorhat. „Kommen Sie, Herr Krause, wir müssen einen Stock tiefer!" Xandra und Opa Krause eilen die Treppe hinunter und sind in kürzester Zeit im Zimmer unter dem Wohnzimmer von Frau Mitnacht. Dort hat Frau Mitnacht bereits die Balkontür geöffnet, und eine große Ladung Schnee bedeckt den Boden. „Ich hab ihn!", hört man jetzt die Stimme von Frau Mitnacht jubeln! Wenige Sekunden später erscheint die rote Mütze von Til und sein grasgrüner Schneeanzug. Til war zwar durch die Schneedecke durchgebrochen, aber auf dem Balkon gelandet! Frau Mitnacht setzt Til, der anscheinend sehr benommen oder zumindest vollkommen fertig ist, auf den Boden mit dem Rücken zu einem Sessel. Es ist eiskalt im Wohnzimmer. Opa Krause beugt sich über Til. Sein Atem geht schnell und unruhig. „Bringen Sie ihn nach oben ins Badezimmer, ziehen Sie ihm seine Sachen aus, lassen Sie ein heißes Bad ein und rubbeln Sie den Jungen vorher gut mit einem Handtuch

ab!", flüstert Frau Mitnacht mit schwacher Stimme. Sie hat sich erschöpft in einem Sessel niedergelassen. Opa Krause nickt und tut wie geheißen. Doch bevor er aus dem Zimmer ist, wendet er sich um und schaut zu Frau Mitnacht hin: „Kann ich Sie allein lassen? Geht es Ihnen gut?", fragt er mit einem ängstlichen Beben in der Stimme. Frau Mitnacht nickt und lächelt schwach. „Ja, ja, es geht schon!"

„Vielen Dank!", sagt Herr Krause und er muss die Tränen unterdrücken, die ihm in diesem Moment in die Augen schießen. „Sie haben Tils Leben gerettet."

Frau Mitnacht nickt langsam und versucht wieder, ein Lächeln zu Stande zu bringen.

Im Badezimmer oben in Frau Mitnachts Wohnung hat Opa Krause Til inzwischen entkleidet und reibt ihn mit einem Handtuch ab. In die Wanne läuft dampfendes heißes Wasser. Bald ist sie voll. Da kommt Frau Mitnacht herein und reicht ihm ein dunkles Fläschchen. „Schütten Sie das ins Wasser, das ist ein Erkältungsbad, damit der Junge keinen Schnupfen, keinen Husten und auch keine Lungenentzündung bekommt!"

Dankbar nimmt Ludwig Krause das Fläschchen entgegen und schüttet etwas davon ins Wasser. „Hm, riecht das gut!" Es duftet nach Rosmarin und Thymian und anderen wundervollen Kräutern. Opa Krause sieht eine duftende Sommerwiese vor sich und beginnt fröhlich vor sich hin zu summen. „Auf, ins Wasser, Til!", kommandiert er. Kurze Zeit später plätschert Til munter im Badewasserschaum.

Frau Mitnacht hat im Wohnzimmer die Heizung auf Höchsttemperatur gestellt, so dass sich bald eine mollige, behagliche Wärme ausbreitet. Opa Krause hat Til in warme Decken gepackt und aufs Sofa gelegt, wo er auch schnell eingeschlummert ist. „Was machen wir jetzt mit Frau Stefan?", fragt Xandra zaghaft und reibt sich die vom Weinen verquollenen Augen. Da das Fenster inzwischen ganz eingeschneit ist, weiß man nicht einmal mehr, ob es Tag oder Nacht ist. Frau Mitnacht schaut auf die Uhr. „Mein Gott, schon halb neun am Abend!"

Schnell wählt sie Frau Stefans Nummer und berichtet, was geschehen ist. Frau Stefan am anderen Ende der Leitung ist natürlich alles andere als entzückt. „Wir überlegen weiter, Frau Stefan, wie wir zu Ihnen kommen oder Sie zu uns. Lassen Sie den Kopf nicht hängen! Morgen früh telefonieren wir wieder!"

Sie schauen sich noch eine Weile die Berichterstattung im Fernsehen an. Xandra hat sich zusammen mit ihrer Großmutter in einen Sessel gekuschelt und Opa Krause sitzt beim immer noch schlafenden Til auf dem Sofa. In der Sondersendung erfahren sie, dass die Länder Baden-Württemberg, Hessen und Bayern gemeinsam im Odenwälder Raum den Ausnahmezustand ausgerufen haben. Feuerwehr, Technisches Hilfswerk und städtische Räumdienste sind rund um die Uhr beschäftigt, die Straßen freizubekommen, was ihnen aber nicht gelingt. Denn kaum ist eine Straße halbwegs frei, liegt nach einer Stunde schon wieder Neuschnee. Hilfsbedürftige Bürgerinnen und Bürger wurden aufgefordert sich über schnell eingerichtete Notleitungen zu melden. Wer zum Beispiel ärztliche Betreuung braucht, Medikamente, oder wer allein lebt und wegen der Situation am Durchdrehen ist, soll sich dort melden. Diese Personen versucht man über spezielle Schneefahrzeuge, so genannte ‚Alaskahunde' die man aus den Alpen hat einfliegen lassen, zu erreichen. Im Fernsehen werden auch Bilder davon gezeigt: Sie sehen ähnlich aus wie kleine Elektroautos, haben so eine Art Mini-Schier statt Räder und werden durch ein spezielles Verfahren angetrieben. So kommen diese Schneeautos mit dem ausgesprochen lockeren Pulverschnee zurecht und sinken auch nicht ein. Sie können diese Mini-Schier aber auch einziehen,

und dann sind sie in der Lage, in den Schnee sozusagen abzutauchen. Das ist bei Lawinen besonders wichtig oder bei extremen Schneehöhen. Dazu sind diese Schneefahrzeuge auch mit einem ganz besonderen Ortungsgerät ausgerüstet, das es ihnen ermöglicht, auch unter der Schneedecke die Orientierung zu behalten. Über einen Bildschirm bekommen sie die Außenwelt eingespielt, allerdings nicht in lebensechten Farben, sondern in einer seltsamen Blau-grau Färbung.

„Zur Not können wir ja ein solches Ding zu Frau Stefan schicken!", meint Ludwig Krause stirnrunzelnd. Dass sich das Weihnachtsessen bei Frau Mitnacht zu einer solchen Expedition entpuppen würde, hätte er nie und nimmer gedacht. Frau Mitnacht nickt und erhebt sich aus dem Sessel. Sie geht aufs Sofa zu und fühlt Til die Stirn. Fieber hat er keines, stellt sie erleichtert fest. Ihre Rettungsaktion ist also noch mal gut gegangen. Wer hätte auch vermutet, dass Til gleich einsinken würde! Dieser mysteriöse Schnee ist ja gefährlicher als Treibsand.

Stadt im Schnee

Am nächsten Morgen wachen alle gut gelaunt auf. Til fühlt sich ganz gut, das Schwindelgefühl ist auch weg, und ein Schnupfen oder Ähnliches hat ihn auch nicht angeflogen. Das Einzige, was die gute Laune trübt, ist, dass sie nun ständig die Lampen eingeschaltet haben müssen, obwohl draußen der Uhrzeit nach Tag ist. Die Fenster sind nach wie vor komplett eingeschneit, und ohne das Licht der Lampen ist es Furcht erregend düster. Man darf sich gar nicht auf den Gedanken einlassen, dass das ganze Haus, ja bald auch die ganze Stadt vollkommen unter einer Schneedecke begraben liegen, in einem Schneegefängnis sozusagen, sonst beschwört

man Panikattacken herauf. Solche scheinen schon einige Leute erfasst zu haben, vor allem Menschen, die im Souterrain oder im Erdgeschoss wohnen. Für sie ist ja schon seit zwei Tagen der Tag zur Nacht geworden. Meldungen über durchgedrehte Bewohner haben sie jetzt heute Morgen schon mehrfach im Fernsehen mitbekommen. Inzwischen ist nämlich eine Dauersendung zum Thema ‚Schnee im Odenwald' eingerichtet, die – nur unterbrochen von Werbeblöcken – einzig und allein das Thema hat: Was steckt hinter dem mysteriösen Schneefall, wie lange soll das noch dauern, und was tun, wenn das Odenwaldgebiet noch weiter im Schnee erstickt?

Inzwischen ist die Schneehöhe nämlich auf sechseinhalb Meter angewachsen und es schneit immer noch weiter. Die Alaskahunde sind rund um die Uhr unterwegs. Bettlägrige brauchen Unterstützung, kranke Kinder und Erwachsene Medizin, einige haben keine Nahrungsmittel mehr, am schlimmsten betroffen sind diejenigen, bei denen die Heizung ausgefallen ist, und Leute, die klaustrophobische Anfälle, also Einschließungs-Panikattacken bekommen haben usw. usw. Die Bundeswehr hat bereits Alaskahunde eingeflogen, mit denen Personen auch aus den Häusern transportiert werden können.

„Wenn uns partout nichts einfällt, wie wir Frau Stefan zu uns oder etwas zu essen zu ihr bringen, dann muss sie in Gottes Namen eben ein Alaskahund holen!", brummt Opa Krause schon zum wiederholten Mal und schnuppert in die Luft. Ein angenehmer Kaffeeduft kitzelt seine Nase und weckt seine Lebensgeister.

„Uns fällt schon was ein!", mischt sich nun Xandra ein und starrt wie gebannt auf die Mattscheibe, auf der gerade eine Rettungsaktion mit einem solchen Alaskahund zu sehen ist. „Herr Krause, schauen Sie mal, die filmen in Heidelberg, das ist in der Steingasse, das Haus neben Ihrem!" Aufgeregt deutet sie mit dem Finger zum Fernseher.

„Wo, wie?", Ludwig Krause kann nichts erkennen.

Jetzt kommt Til hinzu und geht schnurstracks zum Bildschirm, legt seinen Zeigefinger auf die Mattscheibe und deutet auf einen dunklen Fleck im Hintergrund: „Das ist die Kirche, hier ist die Steingasse, der Schnee liegt bis zum dritten Stockwerk hoch."

„Mein Gott, ja, jetzt erkenn ich es, das ist bei Familie Völkner, da ist sicher was mit dem Baby!" Und tatsächlich: Der Alaskahund fährt oder fliegt, man kann das gar nicht richtig beschreiben, wie er sich eigentlich fortbewegt, ganz nah an das Haus heran. Dann öffnet sich ein Fenster und eine junge Frau steigt zusammen mit einem eingepackten Bündel in den Alaskahund, der schnell davonfährt.

„Das bedeutet ja wohl, dass meine Wohnung auch bald eingeschneit ist!", jammert Opa Krause. „Dabei wohne ich doch ganz oben, unterm Dach! Und meine Zimmerpflanzen, meine Amaryllis, die bekommen ja kein Licht mehr! Die werden eingehen!"

„Nun trinken Sie erst mal einen Kaffee, Herr Krause, und dann sieht die Welt schon anders aus. So schnell gehen Zimmerpflanzen nicht ein! Außerdem, lange kann das ja nicht mehr dauern, bis dieser Schneespuk ein

Ende hat," tröstet Frau Mitnacht und fordert alle auf, in die Küche zu kommen, wo sie ein wunderbares Frühstück mit Ei und Toast bereitet hat.

Danach setzen sie sich wieder vor den Fernseher, nur Til bleibt in der Küche und liest dort ein Buch, denn jetzt werden die Satellitenbilder vom Odenwald gezeigt, und er will nicht heute schon wieder einen Schwindelanfall bekommen, was die anderen, denen er davon erzählt hat, gut verstehen können. Ganz deutlich ist zu erkennen, dass die innere Spiralwolke sich abwechselnd dreht und wieder zur Röhre verformt. Dabei scheint sie irgendwie an Geschwindigkeit und Größe zugenommen zu haben. Auch die großen äußeren Schneewolkenschichten scheinen noch einmal dichter und dunkler geworden zu sein. Die Experten sind ratlos. Forscher und Forscherinnen aus der ganzen Welt werden zu Rate gezogen, doch keiner hat oder findet eine Erklärung. Auch die Beschaffenheits-Analyse der einzelnen Schneeflocken bereitet den Fachleuten große Schwierigkeiten. Aus irgendeinem Grund sind die Schneeflocken so gut wie nicht schmelzfähig. Doch der Grund dafür ist unklar. Ein Schnee, der nicht schmelzen kann, das kann kein normaler Schnee sein! Doch die Chemiker und Chemikerinnen, die versucht haben, der inneren Struktur und dem Molekülaufbau des nicht-schmelzfähigen Schnees auf die Spur zu kommen, tappen nach wie vor im Dunkeln.

Die Lage im und am Rand des Odenwalds wird immer dramatischer. Die Rettungsaktionen laufen auf Hochtouren. Die Oberbürgermeisterin von Heidelberg und der Oberbürgermeister von Darmstadt wechseln einander ab und sprechen fast stündlich über das Fernsehen zu den Einwohnern und versuchen sie zu beruhigen. Die größten Schwierigkeiten bereiten die Bergungen von Personen und auch Tieren, die sich in den unteren Wohnungen befinden und keine Möglichkeit haben, nach oben aufs Dach zu kommen. Sei es aufgrund von Krankheiten, oder weil sie an den Rollstuhl gefesselt sind oder Ähnliches.

Opa Krause wischt sich Schweißperlen von der Stirn. Der Anblick der Steingasse hat ihn ganz aus der Bahn geworfen. Sein Kreislauf spielt verrückt. Er muss sich schonen, das steht für ihn fest. Rettungsaktionen wie gestern kommen für ihn heute nicht mehr in Frage.

„Ich hab eine neue Idee, wie wir Frau Stefan retten!", erklärt Xandra selbstsicher und streicht ihr langes blondes Haar zurück. In ihrer roten Hose und dem gelben Pullover sieht sie heute aus wie Frau Sonne persönlich.

Opa Krause stöhnt und murmelt ablehnend: „Bitte nicht schon wieder! Til läuft jedenfalls nicht noch einmal raus auf den Schnee!", brummt Opa Krause. „Das verbiete ich!"

Doch Xandra lässt sich nicht beirren und fährt munter fort: „Die Schneedecke geht ja inzwischen schon fast bis zum Dach. So wie gestern können wir sowieso nicht mehr raus."

Alle nicken traurig, das stimmt leider.

„Beim Haus von Agnes Stefan ist es genauso", erklärt Xandra weiter. Wieder ist ein zustimmendes Nicken die Antwort.

„Wir bauen eine Art Seilbrücke oder Hängebrücke von unserem Dach zum Dach von Frau Stefan." Siegessicher lässt Xandra ihren Blick über die drei Zuhörer wandern; Til ist, als sie den Fernseher ausgeschaltet haben, dazugekommen. Ihr selbstbewusstes Lächeln und die strahlenden Farben ihrer Kleidung machen Xandra zu einem lichten Hoffnungspunkt inmitten der Unwirklichkeit, die das elektrische Licht ausstrahlt.

„So ein Quatsch!", schimpft Opa Krause. Insgeheim denkt er, dass Xandra wohl zu viele Tarzan- und Superman-Filme geguckt hat. Eine Seil- oder Hängebrücke mag es wohl in China oder sonst wo in Afrika geben, aber doch nicht in Heidelberg! Und vor allem nicht bei dem Schneefall!

„Das geht doch nicht!", meint selbst Til und verschränkt abwehrend die Arme vor der Brust. Mit Schrecken denkt er an den Tiefkühl-Schnee und seine Schwindelattacken zurück.

Nur Frau Mitnacht findet die Idee gar nicht so schlecht und fragt nach: „Und woher willst du die Seilbrücke bekommen?"

„Ihr werdet schon sehen, das geht, ich ruf jetzt Frau Stefan an!", beleidigt marschiert Xandra zum Telefon. Sie hat nicht mit so viel geballter Ablehnung gerechnet. Selbst Til ist nicht auf ihrer Seite gestanden, das

schmerzt. Sie nimmt das Telefon mit und verzieht sich ins Schlafzimmer ihrer Großmutter, um ungestört mit Agnes Stefan sprechen zu können.

Triumphierend kommt Xandra nach ungefähr einer Viertelstunde zurück. Sie sieht aus, als hätte sie den Hauptgewinn im Lotto gewonnen.

„Na? Und?", fragt ihre Großmutter, die sofort spürt, dass Xandra etwas ausgeheckt hat.

„Frau Stefan findet meine Idee ganz toll!" Xandra lässt sich in den Sessel plumpsen.

„Und wie wollt ihr beide das durchführen, wenn ich fragen darf?", fragt Opa Krause und wendet sich Xandra zu.

Ein bisschen hat er ein schlechtes Gewissen, dass er nicht unterstützender war, als Xandra einen Vorstoß zur Rettung von Frau Stefan gewagt hat. Aber andererseits: Es könnte ja wieder eine solche Schnapsidee wie gestern sein, die Til fast sein Leben gekostet hätte. Diesmal will er vorher verhindernd eingreifen, falls unrealistische Dinge geplant werden, nicht dass schon wieder ein Unglück geschieht.

„Agnes Stefan macht Kyudo!" Xandra ruft den Satz aus wie eine Fanfare.

„Kü was?", Ludwig Krause kratzt sich ratlos am Kopf.

„K y u d o", sagt Xandra noch einmal langsam, Buchstabe für Buchstabe. „Das ist japanisches Bogenschießen, Frau Stefan sagt, sie schießt so gut wie Wilhelm Tell!"

„Und wer soll nun das wieder sein?", mault Til. Ihm ist sichtlich langweilig.

„Ein Held aus der Schweizer Geschichte, er hat seinem Sohn einen Apfel vom Kopf geschossen." Xandra genießt sichtlich, dass sie den anderen an Wissen weit voraus ist. Sie hat das bis vor wenigen Minuten freilich auch noch nicht gewusst, Agnes Stefan hat es ihr erzählt.

„Und was soll Wilhelm Tell mit der Versorgung von Frau Stefan zu tun haben?", fragt Opa Krause spöttisch und schnäuzt sich dann intensiv die Nase. Ob er sich vielleicht erkältet hat bei der gestrigen Rettungsaktion?

„Frau Stefan meint, sie sucht ein geeignetes Seil, das lang und stark genug ist. Dann schneidet sie es in vier Stücke, sozusagen zwei Seile für den Boden und zwei für das Geländer und dann schießt sie jedes für sich zu uns rüber. Wir befestigen die Seile irgendwo in unserem Speicher und sie die anderen Enden an ihrem und dann kommt sie rüberspaziert."

„Soso, rüberspaziert …", echot Ludwig Krause, „Agnes Stefan kommt einfach so rüberspaziert, auf einem Seil!" Opa Krause erhebt sich aus dem Sessel, in dem er bis vor kurzem noch recht gemütlich saß. „Das ist doch einfach lächerlich! Wie soll denn Agnes Stefan auf einem Seil balancieren!", aufgeregt läuft er hin und her. Diese Idee ist doch allzu abenteuerlich, da braucht er nicht lange zu überlegen. Deshalb schüttelt er heftig den Kopf und sagt klar und deutlich: „Ich bin dagegen!"

„Aber, Herr Krause, so überlegen Sie doch noch mal. So schnell sollte man die Idee von Xandra doch nicht vom Tisch wischen!", mischt sich nun Frau Mitnacht ein. „Agnes Stefan hat mir schon oft Äpfel und Birnen pflücken geholfen, sie ist vollkommen schwindelfrei und ganz geschickt."

Opa Krause schüttelt dennoch abwehrend den Kopf. Ihm scheinen alle beiden Vorschläge, der von gestern und der von heute, vollkommen hirnverbrannt. Deshalb äußert er jetzt seinen Vorschlag, über den er sich selbst schon die ganze Zeit Gedanken gemacht hat: Seiner Meinung nach sollte man bei der Alaskahundestelle anrufen und bei Frau Stefan jemanden mit ausreichend Proviant vorbeischicken.

„Das will Frau Stefan aber nicht!", platzt Xandra mitten in Ludwig Krauses wohlgesetzte Worte hinein, was diesem natürlich alles andere als gefällt.

„So? Und warum nicht, wenn ich fragen darf?", mit Opa Krause ist im Moment sehr schlecht Kirschen essen, das merkt Til sofort. An Xandras Stelle würde er jetzt den Mund halten und eine Weile warten, bis sein Groß-vater wieder bessere Laune hätte. Aber Xandra, die ihn ja nicht so gut kennt, erläutert: „Weil ihr Freund einen solchen Alaskahund fährt und der ihr das auch schon vorgeschlagen hat. Aber sie hat abgelehnt, weil sie ihren Fall überhaupt nicht so schlimm findet wie die, die man dauernd im Fernsehen erlebt."

„Jörg Schuffler fährt einen Alaskahund?", das interessiert Til, jetzt ist er ganz bei der Sache.

„Nicht Jörg Schuffler, Antonio!"

Xandra genießt die Verblüffung der anderen. Sie ist nämlich die einzige, die weiß, dass Agnes Stefan seit geraumer Zeit nicht mehr mit Jörg Schuffler, dem Weinheimer Blumenhändler, zusammen ist. Der hatte sich nämlich wegen einer anderen Frau – einer Tulpenzüchterin aus Den Haag – von Frau Stefan getrennt. Erst war diese natürlich alles andere als glücklich gewesen, wie man sich vorstellen kann. Doch wie es der Zufall so will, eines Tages stieg ein sehr freundlicher, charmanter, interessanter Mann am Bahnhof ihrem Taxi zu, der ins Neuenheimer Feld gefahren werden wollte. Ein Arzt, der an einer Tagung über irgendwelche Tropenkrankheiten teilnahm. Darüber kamen sie ins Gespräch, da Agnes Stefan früher, als sie noch mehr Geld hatte, viele Fernreisen unternommen hatte: nach Indonesien, Thailand, Korea, Madagaskar, Sri Lanka und so weiter. Auf den ersten Blick verliebten sich die beiden ineinander und sind seitdem ein glückliches Paar. Von Agnes Stefan erfuhr Xandra jetzt am Telefon, dass sich Antonio freiwillig bei der Ärztestaffel für die Alaskahunde gemeldet hat; da er schon einmal an einem ähnlichen Einsatz in Kanada teilgenommen hatte, hat er einige Erfahrung. Agnes und er telefonieren jeden Tag, und auch er hatte sich schon angeboten, sie zu holen, doch sie habe abgelehnt, da sie ihren Fall nicht für ernst genug hielt. Ihr Toni, wie sie ihn zärtlich nennt, solle seine Zeit lieber für die wirklich dringenden Fälle verwenden.

Opa Krause, Frau Mitnacht und Til staunen nicht schlecht, als sie die Neuigkeiten hören. „Dabei fand ich Herrn Schuffler so sympathisch!", meint jetzt Opa Krause und nimmt wieder im Sessel Platz.

„Da war doch vor allem auch der Blumenladen schuld, oder?", neckt ihn nun Frau Mitnacht, die über das Hobby des Herrn Krause natürlich bestens informiert ist: Blumen und Garten, und vor allem seine geliebten Moosröschen.

Doch ein Blick zum Fenster verrät ihr, dass es im Moment absolut nicht die Zeit ist, an Blumen zu denken. Die weiße Wand verdeckt nach wie vor jede Sicht. Obwohl es schon 12.30 Uhr ist, brennt in allen Zimmern das elektrische Licht und sie sitzen gewissermaßen wie in einem Iglu fest.

Jetzt klingelt das Telefon. Frau Mitnacht nimmt den Hörer ab. Agnes Stefan ist am anderen Ende der Leitung und verkündet, dass sie ihre Bogenausrüstung aus dem Keller geholt habe, dabei habe sie in derselben Kiste, in der die Pfeile und der Bogen verstaut waren, ein Mitbringsel von einer ihrer Reisen ins Amazonasgebiet entdeckt. „Und nun raten Sie mal, was das war?", fragt sie und lacht laut dabei. Da Frau Mitnacht auf Zimmerlautstärke gestellt hat, haben alle mitgehört. „Giftpfeile!", ruft Til als Erster. „Eine Schlangenhaut!", meint Xandra. „Keine Ahnung!", brummt Opa Krause. „Na, nun verraten Sie's uns schon!", fordert Frau Mitnacht Agnes Stefan auf.

Sie wartet noch ein paar Sekunden, um die Spannung zu erhöhen und meint dann: „Eine echte Hängebrücke! Lang genug, um sie von meinem Haus zu Ihrem zu spannen!"

„Juchu!", jubelt Til und führt einen kleinen Freudentanz im Wohnzimmer auf, so dass das Geschirr im Büfettschrank klirrt. „Ich will auch darauf laufen! Eine Hängebrücke wollte ich schon immer mal betreten!" Seine Meinung über Xandras Rettungsaktion hat er um 180 Grad geändert, als das Wort Hängebrücke gefallen ist.

„Nun mal langsam!", brummt Opa Krause. „Hängebrücken mögen ja was für den tropischen Regenwald sein, wir befinden uns aber im tiefsten Winterschnee!"

Schnell erklärt Agnes Stefan, was sie vorhat. Sie will an den Pfeil eine lange Schnur binden, diesen vom Speicher ihres Hauses durch das geöffnete Speicherfenster von Frau Mitnacht schießen. Dann soll einer oder eine von den vieren den Pfeil nehmen und vorsichtig die Schnur herüberziehen. An dieser will sie nämlich die Hängebrücke festbinden. Die Hängebrücke muss dann nur noch im Speicher von Frau Mitnacht an einem starken Balken befestigt werden, Agnes Stefan will das andere Ende der Hängebrücke an Balken im Speicher ihres Hauses schlingen und dann rüberkommen.

„Ob das gut geht?", Opa Krause kratzt sich am Kopf. „Das hört sich doch eher nach einem Spielfilm als nach Wirklichkeit an!" Ihm ist es schon seit Einführung des Fernsehers suspekt, dass einem da in den Filmen Leben und Abenteuer und Gruseleien vorgespielt werden, die vor allem Kinder für absolut bare Münze halten, und in Wirklichkeit sind das doch einfach nur erfundene Filme, die von Schauspielern so gut es geht dargestellt werden. Und wenn er jetzt sieht, wie begeistert sie dieser unrealistischen Idee anhängen, da fühlt er sich doch bestätigt. Vielleicht liegt es aber auch daran, dass den Kindern das dauernde elektrische Licht nicht gut tut? Wenn sich Opa Krause Til so anschaut, dann hat er doch das deutliche Gefühl, dass der viel zu oft völlig geistesabwesend vor sich hin starrt und nicht mehr ansprechbar ist. Ob er immer noch die Schwindelattacken hat? Opa Krause nimmt sich vor, ihn in einer ruhigen Minute danach zu fragen.

Auf der Hängebrücke

„In zehn Minuten sind wir oben, wir öffnen das Fenster, ziehen uns wieder aus dem Speicher zurück, dann können Sie den Pfeil hinschießen, wohin Sie wollen. Wir machen es so, wie Sie vorgeschlagen haben", gibt Frau Mitnacht durchs Telefon durch. „Juchu!", ertönt es am anderen Ende der Leitung fröhlich. „Ich komme!"

Gesagt, getan. In warme Winterkleidung gehüllt bereiten Xandra, Til, Frau Mitnacht und Herr Krause alles vor, sie öffnen das Fenster und spähen erst mal hinaus. Es ist schon ein ziemlich großer Schock, den der Anblick der vollkommen verschneiten Stadt bei ihnen hinterlässt. Wo früher Häuser und Bäume standen, ist jetzt fast überhaupt nichts mehr zu erkennen. Die Schneeflocken fallen in unverminderter Dichte, so dass selbst das Tageslicht kaum durchkommt. Obwohl es kurz nach Mittag ist, ist es überhaupt nicht hell. Das Licht wirkt gelblich dunkelgrau. Frau Mitnacht hat das Gefühl, dass auch der Wind etwas zugenommen hat. Tatsächlich: Wenn man genau hinschaut, spielen an manchen Stellen kleine Windböen mit dem Schnee. Sie wirbeln Flocken, die schon am Boden liegen, hoch oder drehen fallende Flocken in spiralförmige Kreise. Als Til dies sieht, steht ihm sofort der Spiralwind vom Satellitenbild vor Augen und sein Herz beginnt plötzlich wie rasend zu schlagen. Er schnappt nach Luft und hält sich am Fensterrahmen fest, denn ihm wird auch sofort wieder schwindelig. Ein leichtes Grauen befällt ihn. Schnell zieht er sich vom Fenster zurück, dann kommen die drei anderen, um die Aussicht zu prüfen. Zum Glück hat Opa Krause das nicht mitbekommen, er hätte sich sicher große Sorgen um seinen Enkel gemacht! Til schüttelt benommen den Kopf. Was ist nur mit ihm los? So elend hat er sich schon lange nicht mehr gefühlt. Warum macht ihm der Schnee so zu schaffen? Til holt tief Luft und versucht, sich nichts anmerken zu lassen.

Schließlich verlassen sie den Speicher und warten die vereinbarte Zeit ab. Plötzlich hören sie ein lautes Surren und ein seltsames Zischen und dann ein lautes „Plopp". „Das war der Pfeil!", flüstert Xandra und will aufstehen.

Doch Opa Krause hält sie zurück. „Warte noch drei Minuten, dann ist die verabredete Zeit um, man kann nie wissen …".

Sie warten also noch, doch als nichts mehr weiter geschieht, wagen sie sich wieder in den Speicher. Im mittleren Stützposten des Speichers steckt ein rot gefiederter mächtiger Pfeil. Opa Krause staunt. Das hätte er Frau Stefan nun wirklich nicht zugetraut. Ein solches schweres großes Ding abzuschießen, bedarf doch sicherlich bärenstarker Kräfte! Wie ausgemacht ist am Pfeil ein Stück dicker Schnur festgemacht. Da sie den Pfeil nicht aus dem Pfeiler ziehen können – er steckt viel zu tief im Holz – nesteln sie das Seil ab und Opa Krause übernimmt das Kommando. Er geht zum geöffneten Fenster, durch das es schon wieder einen großen Haufen Schnee herein geschneit hat, und beginnt zu ziehen. Derweil kehrt Frau Mitnacht den Schnee mit einem Handfeger zusammen und wirft ihn zurück aus dem Fenster. Schnell spürt Opa Krause Widerstand. Es geht ganz gut voran, dann bettelt Xandra, dass sie auch einmal ziehen möchte. „Aber nicht so lange, hier pfeift der Wind ganz kräftig rein!", warnt Opa Krause.

Xandra tritt ans Fenster, spürt trotz der dicken Wollmütze die surrenden Winde um die Ohren und zieht. Da sieht sie auch schon ein paar Meter von sich entfernt, wie etwas Schnee aufwirbelt. Das kann nur die Hängebrücke sein! Sie zieht noch etwas kräftiger und jetzt werden auch schon die ersten Hölzer der Sprossen sichtbar. Nun drängelt sich Opa Krause wieder neben sie.

„Gib das Seil wieder mir, Xandra, hier bläst der Wind viel zu stark herein, denk an gestern, wie es Til erging!"

Opa Krause beeilt sich, das Ding bis zum Fenster zu bekommen, schnell ist auch der geeignete Pfosten gefunden, der eine Y-Gabelung hat, um die sich das Seil so richtig schön festbinden lässt. Es kann weder nach unten rutschen und sich eigentlich auch nicht von alleine loslösen, dazu ist der Knoten viel zu fest geknüpft. Frau Mitnacht geht ins Wohnzimmer, um Agnes Stefan anzurufen und ihr zu sagen, dass sie starten kann. Sie haben nämlich ausgemacht, dass Agnes Stefan nach ihrem Pfeilabschuss noch einmal in ihre Wohnung zurückkehren soll. Erstens wegen der Kälte und zweitens, damit man ihr ein etwaiges Misslingen mitteilen könne.

Nun ist also Agnes Stefan an der Reihe.

Sie hat vorhin schon das eine Ende der Hängebrücke um einen dicken Balken geknotet. Jetzt krabbelt sie auf allen vieren auf der Hängebrücke über ein Meer aus eiskaltem, wattigem Schnee. Flocken landen auf ihrem Rücken und legen sich als Schneepelz darauf. Plötzlich fegt eine ziemlich heftige Windböe über sie hinweg und wirbelt rechts und links von ihr Schneefontänen auf. Agnes Stefan erschrickt. Wäre der Windstoß nur ein bisschen stärker gewesen, hätte er sie glatt von der Hängebrücke heruntergeworfen. Obwohl die Hängebrücke eigentlich direkt auf der Schneefläche aufliegt, und es aussieht, als könne man bequem darauf laufen, weiß Agnes Stefan, dass sie es auf keinen Fall versuchen darf. Wie es Til gestern ergangen ist, so würde es ihr heute ergehen. Und da könnte ihr Frau Mitnacht nicht zu Hilfe kommen. Denn Agnes Stefan würde irgendwo mitten im Garten hinab sinken. So unglaublich schnell, wie der Schnee fällt, würde man auch gar nicht mehr erkennen können, wo sie eingesunken ist. „Brrr", ein Kälteschauer läuft ihr den Rücken herunter. „Wahrscheinlich würde ich in der Krone des Birnbaumes landen!", dieser Gedanke kommt ihr jetzt in den Sinn und trotz der gefährlichen Situation muss sie grinsen. „Was für eine absurde Situation!", denkt sie und strengt sich an, weiter voranzukommen. Jetzt bläst der Wind den Schnee Agnes Stefan mitten ins Gesicht, wirbelt wieder heftig Schnee auf zu beiden Seiten und sogar unter der Hängebrücke, so dass diese nun wirklich frei in der Luft schwebt und zu kippen droht. Agnes Stefan stöhnt. Vorhin war es einfacher, als sie zumindest noch die Vorstellung haben konnte, auf einer ebenen Fläche entlang zu krabbeln. Doch jetzt! Die Hängebrücke schwankt und bebt. Agnes Stefan bekommt Angst. Sie hält sich krampfhaft mit beiden Händen an den Sprossen der Hängebrücke fest, kneift die Augen zusammen und versucht festzustellen, wie weit es noch bis zum Giebelfenster von Frau Mitnachts Haus ist. Durch das dichte Schneetreiben kann sie kaum zehn Meter weit blicken, schätzt sie. Und bis jetzt ist noch kein rettendes Dach in Sicht. Also noch bestimmt 15 Meter. Ob sie das überhaupt schaffen kann? Inzwischen fühlt sich Agnes Stefan schon wie ein Eiszapfen. Vor Kälte zittern ihr die Knie. Sie klappert mit den Zähnen. Der Wind greift gierig nach ihr und versucht ihr die Mütze vom Kopf zu zerren.

Jetzt hat Agnes Stefan wirklich Angst, sehr große Angst, denn der Wind hat die Hängebrücke richtig zum Schwanken gebracht. Sie pendelt wie ein Kind auf der Schaukel nach rechts und wieder nach links. Agnes Stefan beißt die Zähne zusammen. „Ich muss weiter voran. Wenn ich noch lange zögere, erfriere ich hier oder ich falle runter!" Sie zwingt sich, ihre Knie und Hände zentimeterweise nach vorne zu schieben. Eine Sprosse nach der anderen robbt sie voran. „Was hat der Wind nur gegen mich?", fragt sie sich verwirrt und versucht, noch schneller voranzukriechen. Jetzt kann sie schemenhaft das Licht erkennen, das aus dem Fenster scheint. Schneeflocken wirbeln vor ihren Augen, sie weiß kaum noch, wo oben und unten ist. Eine innere Stimme zwingt sie, weiter zu kriechen. Sie tastet sich Sprosse für Sprosse weiter. Angstschweiß tritt ihr aus allen Poren aus, so dass sie nur noch mehr friert. Nur noch ungefähr fünf Meter. Jetzt kann sie schon die wartenden vier

Gestalten erkennen, auf die sie zukriecht. In diesem Moment heult ein sehr starker Windstoß von hinten heran und türmt einen riesigen Schneehaufen vor dem Fenster auf. Er bläst plötzlich unablässig dagegen, so dass, wie Agnes Stefan zitternd und schlotternd vor Kälte vermutet, die vier von drinnen Schwierigkeiten haben, das Fenster wieder vom Schnee freizubekommen. „So ein Mist!", Agnes Stefan stöhnt auf und versucht ihr Zittern unter Kontrolle zu bringen. Jetzt schließt sie die Augen. Schon lockert sich der Griff ihrer Hände. Die Hängebrücke schaukelt und ächzt. „Wenn jetzt auch noch die Stricke reißen!", schießt es ihr durch den Kopf. Wie ein wildes Feuer lodert plötzlich eine Kraft in ihr auf, eine wütende Widerstandskraft. So schnell will sie sich nicht geschlagen geben. „Ich werde mich doch nicht von einem Wind in den Tod blasen lassen!", denkt sie trotzig und kriecht trotz der starken Sturmböe weiter voran. Denn da der Wind den Schnee vor dem Fenster aufgetürmt hat, kommt der von hinten und unterstützt sie eigentlich in ihrer Richtung. Schon hat sie sich in den Schneehaufen eingegraben und arbeitet sich weiter voran. Ihrem Gefühl nach müsste sie kurz vor dem Fenster sein. Sie reißt alle ihre Kräfte noch einmal zusammen und wirft sich gegen die Schneewand.

Opa Krause, der irgendwie spürt, dass Agnes Stefan jeden Moment kommen müsste, brüllt: „Weg vom Fenster, aber sofort!", und Frau Mitnacht, Xandra und Til rennen erschrocken davon, da immer mehr Schnee durch das offene Fenster hereingedrückt wird. Mit dem Brüllen des Sturmes wird Agnes Stefan hereingeweht, dabei gehen die Fensterscheiben klirrend zu Bruch, denn eine Sprosse der Hängebrücke zerschlägt sie. Agnes Stefan bleibt in dem Scherbenhaufen liegen. Doch dank des dicken Schneeanzuges bleibt sie ganz unverletzt. Mit ihr fegt eine gewaltige Sturmböe in den Speicher hinein. Es hört sich an, als werde im nächsten Moment das Dach abgedeckt und fliege mit ihnen davon. Alles, was nicht niet- und nagelfest ist, wird mit dem Sturm durch den Raum geschleudert. Es poltert, klirrt und kracht ganz schauerlich. „Auf den Boden, legt euch auf den Boden, mit dem Gesicht zuerst!", brüllt Opa Krause und wirft sich geistesgegenwärtig auf Til und Xandra. „Schnell, schnell!", keucht Agnes Stefan, „wir müssen das Fenster irgendwie verschließen, schnell!". Agnes Stefan erhebt sich schwankend und voller Angst. Ganz instinktiv

greift Frau Mitnacht nach mehreren Decken, die durch Zufall vor ihr auf dem Boden liegen – sie wurden aus einem Regal geschleudert –, und reicht sie Agnes Stefan. Diese packt sie und unter Aufbietung ihrer letzten Kräfte stopft sie diese in das jetzt glaslose Fenster. Schlagartig hört der Sturm auf, in ihrem Speicher zu toben und zu kreisen.

„Zunageln!", schreit Agnes Stefan. Ihre Hände zittern, ihre Knie sind puddingweich. Irgendetwas geht hier nicht mit rechten Dingen zu, das ist ihr jetzt endgültig klar. Sie kann sich kaum mehr auf den Beinen halten und droht in sich zusammenzusacken. Ludwig Krause merkt, dass Agnes Stefan nicht mehr kann, steht mühsam auf und schreit den Kindern zu, sofort den Speicher zu verlassen. So schnell er kann, sammelt er ein paar geeignete Bretter, die die Sturmböe im Speicher losgerissen hat, zusammen. Frau Mitnacht bringt Hammer und Nägel aus dem Werkzeugkasten herbei und Opa Krause nagelt wie ein Besessener jede Ritze rund um das Fenster zu. Geschafft! Jetzt schieben sie noch alles, was in Frage kommt, mit gemeinsamen Kräften vor das Dachfenster. Das müsste selbst einem Orkan standhalten!

Vollkommen erschöpft gehen sie auf wackeligen Knien nach unten. Nicht ohne unter Aufbietung der letzten Kräfte auch noch die Speichertür sorgfältig zu verbarrikadieren. Agnes Stefan hat Tränen in den Augen, sie bibbert vor Kälte am ganzen Leib. Til hat Kopfweh bekommen, außerdem ist ihm schrecklich schwindelig und Xandra kann kaum ein Schluchzen unterdrücken. Selbst Frau Mitnacht, sonst die Ruhe selbst, spürt, wie etwas Klammes ihr Herz umfasst hat. Opa Krause geht es genauso: Er hat das Gefühl, irgendeine düstere Kraft oder Macht hätte die Hand nach ihnen ausgestreckt. Er fühlt sich erbärmlich: natürlich wegen der Anstrengung, vor allem aber wegen eines ganz und gar unguten gruseligen Gefühls, das ihn überkommen hat, als es so aussah, als müsste Agnes Stefan draußen ausgesperrt bleiben.

Weißer Schnee und kaltes Grauen

In der Wohnung angekommen, kümmert sich Opa Krause um Til, der kalkweiß im Gesicht ist, und Frau Mitnacht drängt Agnes Stefan dazu, sofort ein heißes Bad zu nehmen, und steckt Til ins Bett. Wie ein kleines Kind lässt sich Agnes Stefan ins Badezimmer schieben, Frau Mitnacht lässt heißes Wasser ein und schüttet Kräuteröl hinzu. „Gegen eine Erkältung und zur Entspannung", erklärt sie Agnes Stefan, die am ganzen Leib eine Gänsehaut hat und vor Kälte mit den Zähnen klappert. Sie hat vor ihrem inneren Auge nur noch ein Bild, das sie so schnell nicht mehr los werden wird: Schneeflocken, die auf sie herabfallen, in sie eindringen und sie unter sich begraben.

Als die Wanne voll gelaufen ist, bittet Frau Mitnacht Agnes Stefan, sich in die Wanne zu setzen. „Würden Sie bitte bei mir bleiben?", fragt diese mit kläglicher Stimme. „Ich weiß auch nicht, was mit mir los ist, aber ich habe immer noch Angst davor, dass der Wind mich mitnimmt ..."

Frau Mitnacht, die merkt, dass Agnes Stefan völlig durcheinander ist, nickt, holt sich einen Hocker und setzt sich ganz nah an die Badewanne.

„Wissen Sie, Frau Mitnacht ...", Agnes Stefan stockt. Das warme Wasser tut ihr gut, unendlich gut. Ihr Körper saugt die Wärme auf wie ein trockener Schwamm. „Als der Wind so heftig blies, als er richtig zum Sturm wurde, da war es, da war es mir, als ob ..." Agnes Stefan verstummt. Ihr Blick wird glasig und es scheint, als ob sie in eine andere, weit entfernte Welt blickt.

„Was war da?", fragt Frau Mitnacht mit sanfter Stimme. Sie spürt, dass Agnes Stefan sich von etwas befreien muss, dass ein graues, schweres, trübseliges Etwas auf ihrem Herzen lastet.

„Es war so ...", fährt Agnes Stefan fort, „als ob, als ob ...", wieder verstummt sie.

„Als ob was?", fragt Frau Mitnacht sanft und ergreift Frau Stefans Hand und hält sie fest in der ihren.

„Als ob der Wind ein Wesen wäre, ein menschliches oder ein nicht-menschliches ...", wieder verstummt Agnes Stefan, „... aber ein Wesen ...", fährt sie fort.

„Hm", sagt Frau Mitnacht gedankenverloren und hält weiter Agnes Stefans Hand. Plötzlich fällt ihr ein, an was sie die Spiralwolken erinnern: an das Muster auf Tils Schlitten, das sich auf dem Hufeisen gebildet hatte. Frau Mitnacht runzelt die Stirn. Ob Tils Schwindelanfälle auch damit zusammenhängen? Doch dann schüttelt sie den Kopf. Wer eingeschneit ist, kann auf so manche absonderliche Gedanken kommen, schilt sie sich selbst und wendet sich dann wieder Agnes Stefan zu.

„Aber das war es nicht", fährt Agnes Stefan fort. „Irgendetwas in mir spürte, dass es das nicht war ... Oder dass der Wind mich jedenfalls nicht jetzt holen wollte ... Vielleicht später, ein andermal ... Ich spürte plötzlich, dass er mir nur seine Kraft zeigen wollte, anders kann ich es nicht ausdrücken. Ich habe so etwas noch nie erlebt. Obwohl ich eine Todesangst hatte, ich dachte, meine letzte Stunde hätte geschlagen, doch das war nur meine eigene Angst. Es ging um etwas anderes. Aber um was?" Agnes Stefan blickt Frau Mitnacht aus großen fragenden Augen an.

Frau Mitnacht lässt sich lange Zeit mit der Antwort. Sollte sie Agnes Stefan von dem Muster auf dem Hufeisen erzählen oder würde das nur noch ihre Angst schüren? Immer noch hält sie die Hand von Agnes Stefan fest in der ihren. Schließlich sagt sie leise: „Wenn wir immer alles wüssten, wenn wir immer wüssten, was etwas bedeutet …" Lange schweigen die beiden Frauen. Schließlich wird das Wasser spürbar kühler. Frau Mitnacht trocknet Agnes Stefan kräftig ab und reicht ihr einen ihrer Schlafanzüge. „Ich glaube, das Beste wäre, Sie gehen jetzt erst mal ins Bett, in mein Bett", fügt sie lächelnd hinzu.

Dankbar schaut Agnes Stefan sie an.

„Sollen wir nicht lieber Du zueinander sagen?", fragt jetzt Frau Mitnacht verschmitzt. „Gerne", antwortet Agnes Stefan, „ich heiße Agnes." „Und ich Louise!"

Spiralwinde, Wolkenballungen und Fieberträume

Nach einem stärkenden Mittagessen gehen die vier wieder vor den Fernseher zurück, Til bleibt wie immer in der Küche. Die Experten und Expertinnen der Wetterbeobachtung sind mehr und mehr beunruhigt: Die Schneewolkenballung hat noch weiter zugenommen und der dunklere Spiral-Röhrenwind, wie sie ihn nun nennen, hat weiter an Umdrehungsgeschwindigkeit zugenommen. Die Geschehnisse sind vollkommen unerklärlich. Noch niemals hat es im Odenwald so viel Schnee gegeben. Die Schneehöhe beträgt zurzeit im Durchschnitt zehn Meter. Das ist vollkommen außerhalb jeder Norm. So gut wie alle Häuser in allen Ortschaften sind zur Hälfte unter der Schneedecke versteckt, nur einige wenige Hochhäuser und die Kirchen schauen noch nennenswert aus ihr hervor, wie das Fernsehbild auch zeigt. Die Alaskahunde sind nonstop im Einsatz. Manche Menschen und Familien, die im Erdgeschoss oder in den unteren Stockwerken wohnen, leiden an Erstickungsgefühlen. Das ist zwar eigentlich nicht möglich, denn die lockere Schneedecke des extrem trockenen Pulverschnees lässt die Luft auch bis in die Erdgeschoss- und Souterrainwohnungen durch, aber die Einbildungskraft der Menschen erzeugt Erstickungsgefühle. Wer jetzt schon fast drei Tage kein normales Licht mehr gesehen hat, und wer, wenn er oder sie aus dem Fenster schaut, nur eine Schneewand sieht, der ist natürlich in Gefahr durchzudrehen und sich einzubilden zu ersticken. Die Expertinnen und Experten versuchen die Einwohner zu beruhigen: Es bestehe keine Erstickungsgefahr, wer Symptome von Erstickungsgefühlen hat, solle sofort die extra dafür eingerichtete Sondernummer anrufen, er oder sie erhalte da sofort Betreuung. Ein anderes bisher unlösbares Problem scheint die Beschaffenheit des Schnees zu sein: Zum einen schmilzt er ausgesprochen langsam, zum anderen gibt es nur vier Flockenformen! Das ist ganz und gar sonderbar und grenzt schier an Zauberei, denn Schneeflocken sind dafür bekannt, dass keine der anderen gleicht. Bis jetzt konnten die Experten auch keinen Grund dafür finden, warum der Schnee so extrem trocken ist. Die Molekülstruktur der Schneeflocken weist zwar minimale Unterschiede zur Struktur normaler Flocken auf, doch ob dies eine solch dramatische Änderung im Schneeverhalten auslösen kann, darüber sind sich die Experten nicht einig.

Der 29. und 30. Dezember vergehen ohne größere Zwischenfälle. Seit Til sich strikt daran hält, weder nach draußen in den Schnee zu schauen noch das Satellitenbild im Fernseher zu betrachten, geht es ihm besser. Außerdem hat er das Hufeisen in die Kommodenschublade gelegt, um es nicht mehr sehen zu müssen. Seitdem hatte er auch keine Schwindelattacken mehr. Opa Krause, Frau Mitnacht, Agnes Stefan, Xandra und Til haben viel Spaß miteinander. Sie spielen Karten oder andere Spiele, und Frau Mitnacht backt zusammen mit Til und Xandra aus Hefeteig Neujahrsschnecken und Brezeln. Sie erzählt, dass es im Odenwald und anderswo den alten

Brauch gibt, Brezeln an Neujahr zu verschenken, da die Form der Brezel eigentlich ein uralter Zauberknoten sei, in dem das Glück festgehalten würde. Dazwischen schalten sie immer wieder den Fernseher an und informieren sich über den Schneezustand des Odenwalds, der nach wie vor katastrophal ist, Frau Mitnacht bekocht alle vorzüglich, abends ungefähr um acht Uhr ruft Toni an, um mit seiner Agnes zu plaudern und zu scherzen, dann gehen sie irgendwann zwischen zehn, elf und zwölf Uhr nachts zu Bett.

Inzwischen sind alle Fenster im zweiten Stock eingeschneit. Die Schneedecke endet knapp unter der Dachgaube. Man kann die Tageszeit in der Wohnung nur noch nach der Uhr ablesen. Seltsamerweise funktionieren die inneren Uhren, als ob sie das Tageslicht und die nächtliche Dunkelheit erleben würden. Früh am Morgen wachen alle auf und abends werden sie müde, ohne überhaupt auch nur einmal das Tageslicht gesehen zu haben. Til klagt zwar über Müdigkeit, aber so schlimm scheint es nicht zu sein, denn sobald er ein Spiel gewinnt, ist davon keine Rede mehr.

Im Fernsehen erleben sie immer dramatischere Situationen mit, die Evakuierungen und Rettungen der Menschen aus den unteren Geschossen werden immer spektakulärer. Vom Odenwälder Schneephänomen spricht inzwischen schon die ganze Welt. Opa Krause hat Tils Eltern auch schon mehrmals in ihrem Hotel in New York angerufen und sie beruhigt. Auch Til hat ihnen mehrmals versichert, dass alle wohlauf sind und es eigentlich wie im Urlaub sei.

Selbst einige Schnee-Experten der Eskimo, die extra nach Heidelberg eingeflogen wurden, um den Krisenstab für die Schneekatastrophe zu unterstützen, stehen vor einem Rätsel. Seltsam ist auch, dass der Wind mehr und mehr zunimmt. Toni bestätigt dies: Die Alaskahunde müssen höllisch aufpassen, in keine starken Windböen zu geraten. An manchen Stellen sind durch den Wind schon riesige Schneeberge aufgetürmt, zum Beispiel gibt es in Eberbach am Katzenbuckel eine Stelle, wo der Schnee aufgrund von Verwehungen 18 Meter hoch ist, auf 16 Meter Höhe aufgetürmt ist er um die Einhardsbasilika herum in Steinbach bei Michelstadt. Unter fast 29 Meter hohen Schneemassen begraben liegt auch die Gotthards-Ruine bei Amorbach.

Aber auch das gegenteilige Phänomen gibt es: Am Neckar in Heidelberg ganz in der Nähe der Alten Brücke ist durch den Wind ein richtiges Schneeloch entstanden, so dass die Aufnahmen, die von darüberfliegenden Hubschraubern gemacht wurden, ein riesiges Loch zeigen, in dem tief drunten der fließende Neckar zu erahnen ist. Weitere solcher Schneelöcher befinden sich zum Beispiel in Schönau, wo die gesamte Klosterkirche freiliegt, und bei Seeheim-Jugenheim, wo in einem solchen Loch der gesamte Berggipfel des Tannenberges freiliegt und die Burgruine, die sich dort befindet, ganz auf schneefreiem Grund steht. Auch bei Schnellerts liegt die Ruine frei, der Götzenturm in Hettingenbeuren ebenfalls und auch das einstige Römerkastell bei Lützelbach, das so genannte ‚Lützelbacher Schlösschen‘. Warum der Wind sich für diese Schneelöcher gerade Burgen und Klöster ausgesucht hat, bleibt ebenso ein Rätsel wie die wahnsinnige Schneemenge überhaupt. Die Lage ist äußerst beunruhigend, da keiner weiß, wie lange der Schneefall noch andauern wird. Es wurde schon erwogen, aus Hubschraubern Salz abzuwerfen, aber Tests mit dem merkwürdigen Odenwälder Schnee haben ergeben, dass der Schnee durch das Salz überhaupt nicht beeinträchtigt wurde. Er konnte nur unter den allergrößten Schwierigkeiten überhaupt zum Schmelzen gebracht werden, was das Mysteriöse dieser Vorgänge nur noch steigert.

Toni ist jedenfalls heilfroh, dass Agnes jetzt bei Frau Mitnacht in Sicherheit ist, und erzählt jeden Abend telefonisch, welche komplizierten und gefährlichen Rettungen er mit dem Alaskahund ausgeführt hat, was Agnes voller Stolz an die anderen weitergibt.

Am Morgen des 31. Dezember versammeln sich alle wie nun schon gewohnt in der Küche zum Frühstück. Nur Til fehlt. „Seltsam …“, meint Louise Mitnacht, „er war doch eigentlich schon um sechs Uhr wach und da war er ganz munter!“ Sie geht um nachzusehen, wo Til denn steckt und entdeckt ihn in seinem Bett. Er hat die Bettdecke bis unter das Kinn hochgezogen. Sein Gesicht ist aschfahl. Er sieht aus wie ein leibhaftiges Gespenst. Frau Mitnacht erschrickt. „Til, was ist los mit dir?“, fragt sie besorgt.

Ganz mühsam dreht Til seinen Kopf ein wenig, um Frau Mitnacht anzusehen. „Ich hab ganz schlimm Kopfweh“, sagt er mit sehr leiser Stimme, „und mir ist schwindelig.“ Frau Mitnacht muss die Ohren spitzen, um zu verstehen, was er sagt. Sie tritt zu ihm ans Bett und fühlt seinen Kopf. Der glüht wie ein Bügeleisen, das auf die höchste Temperatur gestellt ist! „Mein Gott, Til, du hast ja Fieber! Und zwar sehr hohes Fieber!"

„Und Durst hab ich auch!", bringt er mühsam zwischen seinen trockenen Lippen hervor.

„Ich bring dir was, einen Augenblick!", sagt Frau Mitnacht und ist aus dem Zimmer verschwunden. In der Küche klärt sie die anderen auf, was mit Til los ist, macht einen Tee mit Milch und Honig und kehrt ins Schlafzimmer zurück. Sie steckt das Fieber-Thermometer in Tils Mund und wartet, bis der Tee etwas kühler ist und das Thermometer gemessen hat. Jetzt piepst das Thermometer zum Zeichen, dass es nicht höher steigt. Frau Mitnacht nimmt es Til aus dem Mund, wirft einen Blick auf die Temperatur und erschrickt. 39.6! Das ist ja sehr hoch! Sie sagt Til nichts davon, sondern flößt ihm etwas von dem Tee ein. „Ich komme gleich wieder und mach dir Wadenwickel, damit das Fieber etwas runtergeht!", verspricht sie Til und streichelt sanft Tils schweißnasse Stirn.

Die anderen sitzen schon im Wohnzimmer vor dem Fernsehapparat. Die Situation im Odenwald hat sich laut Moderatorin noch einmal zugespitzt. Inzwischen liegen viele Stellen im Odenwald – sowohl in den Ortschaften als auch in der freien Natur – unter einer bis zu 15 Meter hohen Schneedecke begraben. Zwar sind alle Notfälle aus den Häusern gerettet und in den umliegenden Krankenhäusern oder Sozialstationen untergebracht, aber die seelische Anspannung derer, die unter den Schneemassen begraben in ihren Wohnungen sitzen, wird immer unerträglicher. Eine Maßnahme zur Abtauung des Schnees hat heute Nacht überhaupt keine Wirkung gezeigt: Über 100 Hubschrauber waren unterwegs, um ein Spezialsalz abzuwerfen, das im Labor den Odenwälder Schnee etwas zum Schmelzen gebracht hatte, aber das Salz zeigte heute Nacht überhaupt keine Wirkung. Inzwischen vermuten viele eine geheimnisvolle Macht, die den Odenwald in ihrer Gewalt hat. Einige US-Sender spekulieren, ob es UFOs sind, die aus einer fernen Welt, in der Tiefsttemperaturen herrschen, in den Odenwald gekommen sind, um eine Kolonie zu gründen. Um ihr Überleben zu sichern, müssten sie Temperatur und Natur nach ihren Gesetzen formen, deshalb die Kälte und der viele Schnee. Der Spiral-Röhrenwind könnte dieser Meinung nach das Raumschiff sein.

„Til hat hohes Fieber", sagt Frau Mitnacht, die gerade zur Tür hereinkommt, in die Runde, „ich mache ihm jetzt Wadenwickel!" Die drei schauen bestürzt. „Ist es sehr schlimm?"

Frau Mitnacht zuckt mit den Schultern. „Ich weiß noch nicht. Warten wir erst mal, ob das Fieber gesenkt werden kann. Ich kümmere mich um ihn. Er ist sehr, sehr müde!"

Sie geht ins Bad, holt einige Handtücher aus dem Schrank und weicht zwei davon in eiskaltes Wasser ein. Mit denen läuft sie, nachdem sie sie ausgewrungen hat, schnurstracks ins Schlafzimmer und wickelt die eiskalten Tücher um Tils Waden. Drumherum kommt noch eine dicke Schicht trockener Handtücher, damit nicht das ganze Bett feucht wird. Dann setzt sie sich zu ihm an den Bettrand. Til ist eingeschlafen, er scheint zu träumen oder zu fantasieren.

„Die Pferde sind so groß, ich kann nicht reiten!", stöhnt er. „Nein, ich will nicht mit!", sagt er noch einmal, diesmal gequälter und schlägt mit den Armen um sich, wie um jemanden von sich fern zu halten. „Ich bleib hier! Ich will nicht mit euch!"

Frau Mitnacht versucht, Tils Arme fest zu halten. „Beruhige dich, Til, wach auf, es ist nur ein Traum, ein Traum!" Tils ganzer Körper zittert und bebt unnatürlich, Schweißperlen stehen auf seiner Stirn.

„Die Hufe donnern so laut", klagt er jetzt, „ich hab Angst, es ist so laut, ich will nicht mit, ich will den Hauptmann nicht sehen!" Til bäumt sich auf, sein Körper ist klatschnass. Frau Mitnacht eilt ins Badezimmer, um ein paar neue Handtücher zu holen. Agnes Stefan taucht aus dem Wohnzimmer auf: „Wie geht's Til?", fragt sie besorgt.

„Nicht gut!", antwortet Frau Mitnacht.

„Soll ich etwas helfen?"

Frau Mitnacht schüttelt den Kopf.

Agnes Stefan lauscht. „Träumt er von Pferden?", fragt sie ungläubig.

Frau Mitnacht nickt. „Und von Hunden. Von einem Hauptmann oder Anführer hat er auch gesprochen."

„Willst du ihn nicht wecken?"

„Wenn er weiter so Angst hat, ja. Aber vielleicht schafft er es ja allein, aus diesem schrecklichen Alptraum aufzuwachen!"

„Übrigens …", setzt Agnes Stefan fast schüchtern nach, „das Satellitenbild hat sich verändert. Die Spiral-wolken drehen sich noch schneller als vorher und sie kreisen auch nicht mehr über den Odenwald, wie die ganzen letzten Tage, sondern das Zentrum scheint sich jetzt an einer bestimmten Stelle festgesetzt zu haben."

Frau Mitnacht spürt einen Kloß im Hals. „Was bedeutet das für uns?", fragt sie mit stockender Stimme.

Agnes Stefan zuckt mit den Schultern und versucht dabei, ihre Anspannung zu verbergen. „Draußen soll es richtig stürmen", setzt Agnes Stefan beunruhigt nach, „Toni hat gerade angerufen. Sie können so gut wie nicht mehr fahren, der Sturm hat alles in seiner Gewalt. Er treibt riesige Schneewolken vor sich her, und er heult, als ob er in der Hölle wäre, der Sturm, und wir damit auch."

Frau Mitnacht spürt die Angst, die nach Agnes Stefan gegriffen hat. Sie selbst fühlt sich auch nicht besonders wohl. „Und wo ist diese Stelle, das Zentrum?", fragt sie mit belegter Stimme.

„Um eine Ortschaft herum, Reichelsheim heißt sie", antwortet Agnes Stefan und ihre Augen drücken Angst aus.

„Mein Gott", entfährt es Frau Mitnacht, „dort wohnt meine Schwester! Aus Reichelsheim kommt meine Familie, dort bin ich aufgewachsen!"

Totenblass steht sie da, besinnt sich dann aber auf Til und geht schnell wieder zurück zu ihm ins Schlafzimmer. Til wälzt sich im Bett hin und her. „Ich will nicht mit", ruft er, „ich will nicht! Ich kann nicht reiten!". Wieder schlägt er um sich, er scheint gegen einen unsichtbaren Feind anzukämpfen.

„Lasst mich!" Frau Mitnacht fasst Til an den Schultern und schüttelt ihn leicht. „Til, wach auf, es ist nur ein Traum!" Doch Til wacht nicht auf. Irgendjemand in seinen Fieberfantasien scheint zu versuchen, ihn zu einem Ausritt zu überreden. „Ich hab kein Schwert, lasst mich in Ruhe!", ruft Til und seine Gesichtszüge verkrampfen sich.

Frau Mitnacht ist äußerst beunruhigt. „Til, wach auf!", ruft sie nun streng und rüttelt ihn etwas heftiger.

Jetzt lugt Agnes Stefan ins Schlafzimmer: „Louise, äh, wenn ich noch mal stören darf …"

Frau Mitnacht fährt herum: „Was ist los?", fragt sie ungeduldig und hält beruhigend Tils Hand.

„Die im Fernsehen melden, und, äh, Toni hat das ja auch schon gesagt, dass der Sturm jetzt zu einem echten Orkan geworden ist … Es sei ein Glück, dass Heidelberg und der Rest vom Odenwald so viele Meter unter dem Schnee begraben liegen, sonst …"

„Hm", Frau Mitnacht runzelt die Stirn.

Agnes Stefan setzt sich an den Bettrand.

Til liegt schweißnass da und fantasiert in seinem Fiebertraum.

Erschrocken streicht Agnes Stefan ihm über die Stirn. „Was träumt er da nur?"

„Bleib du bitte mal bei Til, ich glaube, ich fürchte … Ich habe da so eine Ahnung …", murmelt Frau Mitnacht immer noch leichenblass um die Nase. Eiligen Schritts geht sie zum Telefon, um es ins Schlafzimmer zu holen.

Als sie im Wohnzimmer vorbeikommt, öffnet sie schnell die Kommodenschublade, um einen Blick auf das Hufeisen zu werfen. Ihr bleibt fast die Luft weg, als sie sieht, dass es seine Farbe verändert hat. Es schimmert auf unheimliche Weise. Dann nimmt der Fernseher ihre Aufmerksamkeit gefangen. „Mein Gott!", ruft sie entsetzt, als sie die Aufnahmen sieht. Riesige Schneefontänen treibt der Orkan vor sich her. Der Kommentator berichtet mit angstvoller Stimme, dass ein solcher Orkan noch nie im Lande getobt habe. Das Zentrum des Sturms konzentriere sich um Reichelsheim, berichtet er weiter.

„Wie geht's Til?", will Opa Krause wissen. Und der Klang seiner Stimme verrät Besorgnis.

„Nicht gut, Agnes ist bei ihm. Er hat Fieber-Halluzinationen. Ich muss meine Schwester anrufen. Sie wohnt nämlich in Reichelsheim. Ich glaube, ich, ich befürchte, ich …", Frau Mitnachts Stimme versagt, ihre Kehle ist wie zugeschnürt. „Was denn?", forscht Opa Krause nach, der spürt, dass es sich um etwas wirklich Schlimmes handeln muss, was Frau Mitnacht beschäftigt. „Sie, sie hat etwas, was uns helfen wird …!", bringt Frau Mitnacht nun unter Räuspern hervor.

Ludwig Krause schaut Frau Mitnacht fragend an. „Und was …?" Auch ihm steckt ein Kloß im Hals, er räuspert sich.

„Später, später …", murmelt sie und ist samt Telefon aus dem Zimmer verschwunden.

Ein Pferd für Til?

Im Schlafzimmer setzt sich Louise Mitnacht neben Agnes Stefan und wählt die Nummer ihrer Schwester. Ihre Finger zittern. Sie ist immer noch aschfahl im Gesicht. Agnes Stefans Herz klopft wie wild. Eine schier unerträgliche Spannung liegt im Raum. Til stöhnt und keucht. Nach wie vor spricht er über einen Hauptmann oder Anführer.

Frau Mitnacht atmet erleichtert auf, als der Hörer am anderen Ende abgenommen wird. „Da fällt mir aber ein Stein vom Herzen, Magda, dass du da bist!" Erst berichten sich die beiden Schwestern kurz gegenseitig, wie es ihnen unter den Schneekatastrophe-Umständen geht. Magda Kirchgessner, so der Name von Frau Mitnachts Schwester, erklärt, dass sie sehr tief unter der Schneedecke verborgen sind und deshalb noch nichts vom Orkanzentrum, das sich über ihnen befindet, mitbekommen haben. Sie meint aber, dass, wenn es so weitergeht, der Schnee wohl weggeweht werden könnte, und dann …

Doch dann unterbricht Frau Mitnacht ihre Schwester, die gerade anheben will, zu erzählen, was sie alles tun möchte, wenn der Schnee geschmolzen ist: „Hör zu, Magda, ich brauche deine Hilfe, und zwar sofort. Du erinnerst dich doch noch an die Geschichte mit dem Hufnagel, von der unser Vater Aufzeichnungen gemacht hat?", fragt sie mit belegter Stimme.

Agnes Stefan spitzt die Ohren. Was will Louise Mitnacht mit einem Hufnagel?

„Ja, genau das befürchte ich …!", spricht Louise Mitnacht mit stockender Stimme in den Hörer.

„Du hast die Aufzeichnungen noch? Nun, was für ein Glück im Unglück. Kannst du sie holen? Ich brauche sie, besser gesagt, Informationen daraus. Ich ruf in 15 Minuten noch mal an!"

Mit zittrigen Händen legt sie den Hörer auf und fährt sich über die Stirn. Sie scheint nachzudenken. Was sollen Aufzeichnungen über einen Hufnagel mit Tils Zustand zu tun haben? Agnes Stefan runzelt die Stirn und benetzt dem ängstlich wimmernden Til die ausgetrockneten Lippen mit etwas Tee. Mein Gott, Til geht es schlecht, sehr sehr schlecht …, bekümmert fährt sie ihm zärtlich durchs Haar.

Inzwischen hat sich Opa Krause aus dem Sessel erhoben, ist ins Schlafzimmer gegangen und wirft ängstlich einen Blick auf seinen Enkel.

„Ich will kein Pferd! Nein!", stöhnt Til, seine Stirn glänzt.

„Was soll das? Ein Alptraum über Pferde?" Verunsichert starrt Opa Krause Frau Mitnacht an.

Mit zittriger Stimme flüstert sie fast unhörbar: „Es ist das Wilde Heer, ich bin mir sicher. Sie wollen Til holen."

„Wie bitte? Das Wilde Heer?", ruft Opa Krause erschrocken.

„Was für ein Heer?", fragt Xandra verzweifelt, und Tränen kullern ihr die Wangen herab.

„Aber das macht doch keinen Sinn!", stöhnt Opa Krause. „Was hat es denn mit diesem Heer auf sich?", mischt sich nun Agnes Stefan ein. „Schaut mal das Hufeisen an, es liegt in der Kommode, im Wohnzimmer, drittes Fach von oben!", antwortet Frau Mitnacht mit düsterer Stimme.

„HUCH!", entsetzt über das unheimliche Schimmern läuft Ludwig Krause ein eisiger Schauer den Rücken hinunter, die Worte bleiben ihm im Hals stecken. Was ging denn hier eigentlich vor?

„Es gibt da so manch alte Geschichten, die man im Odenwald erzählt!", erklärt Frau Mitnacht besorgt. „Schon in ältesten Zeiten, vor 2 000 Jahren und mehr, als hier noch die Germanen lebten, wurde der Odenwald als Wald der Götter verehrt, er war Odin, dem obersten der Germanengötter, geweiht."

„Odinswald", wirft Opa Krause ein und fröstelt. Ihm wird es ganz flau im Magen. Sollte dieser ganze Schneespuk etwa von einem uralten germanischen Gott herrühren? Doch sein Verstand sagt ihm, dass das natürlich unmöglich sein könne.

Andererseits – woher sollten denn diese gewaltigen, vollkommen naturwidrigen Schneemassen rühren und wie sollte ein Hufeisen ein grauenhaftes Leuchten abstrahlen, wenn nicht…

„Lasst mich in Ruhe! Ich brauche kein Schwert!", stöhnt Til plötzlich laut auf und wirft sich im Bett hin und her. Xandra fasst erschrocken ihre Großmutter bei der Hand.

Die fährt fort: „Odin, der König der Götter, ist zugleich auch der Herr der Toten, vor allem der Führer all derer, die ehrenhaft in der Schlacht gefallen sind."

61

„Die Germanen waren ein unglaublich kriegerisches Volk. Die höchste Ehre, die es gab, war, auf dem Schlachtfeld getötet zu werden. Wer so sein Leben verlor, der wurde – so der Glaube der Germanen – von den so genannten Walküren nach Walhalla geführt. Walhalla war der Festsaal der Götter. Und in stürmischen Nächten, vor allem im Winter, ritten diese unsterblichen Krieger auf ihren Pferden durch die Lüfte," berichtet jetzt Opa Krause mit vor Furcht bebender Stimme, mit den Germanen hat er sich in seiner Jugend sehr viel beschäftigt. Es erstaunt ihn, wie klar trotz seiner augenblicklichen Angst seine Erinnerungen noch sind.

„Deshalb hat man im Odenwald im Herbst immer Obst an den Bäumen hängen lassen, damit die gespenstischen Reiter des Wilden Heers etwas hatten, wenn sie Hunger verspürten", erinnert sich nun Frau Mitnacht an den uralten Brauch.

„Und was hat das Ganze jetzt mit dem Hufnagel und deiner Schwester zu tun?", mischt sich nun Agnes Stefan ein und legt dabei ein kühles Tuch auf die Stirn des fiebernden Til.

„Das hat mit dem Rodensteiner zu tun", sagt Frau Mitnacht leise und geheimnisschwanger und drückt dabei die wimmernde Xandra fest an sich. „Wird schon gut gehen, mein Kind, Xandra, hör auf zu weinen, es wird schon gut gehen."

„Und wer ist der Rodensteiner?" Agnes Stefan hat noch nie etwas von ihm gehört.

„Ein wilder Räubergesell, der seine Burg in der Nähe von Reichelsheim hatte. Er lebte vor ungefähr 500 Jahren und zog raubend im Odenwald und anderswo umher. Als Kinder haben wir ein Gedicht über ihn gelernt", Opa Krause zieht die Stirn in Falten, „Ob es mir wohl noch einfällt …?"

Da ist der Groschen gefallen und Opa Krause zitiert:

„Es regt sich was im Odenwald,
Und durch die Wipfel hallt's und knallt's,
Der Rodenstein zieht um.
Vom Rhein her streicht ein starker Luft,
Der treibt den Alten aus der Gruft.
Der Rodenstein zieht um.
Ein rostig Stahlwams ist sein Kleid,
Ein rostig Stahlschwert hängt zur Seit.
Der Rodenstein zieht um …"

„Ich nehm kein Schwert!", schreit Til plötzlich gellend und richtet sich abrupt im Bett auf. Dann sackt er wie bewusstlos zurück auf die Kissen.

„Mein Gott, mein Gott", ruft Opa Krause entsetzt und seine Stimme überschlägt sich, „wir müssen was tun!"

In dem Moment klingelt das Telefon, Frau Mitnacht nimmt ab. „Du hast sie gefunden, was für ein Glück. Moment, ich hol schnell was zum Schreiben ..." Doch Opa Krause springt schon auf und reicht ihr einen Block und Bleistift. „Im großen Fensterbogen am Brückenturm, auf der rechten Seite, man erkennt es an den drei absolut gleichmäßig übereinander geschichteten Steinen. Dann mit einem Hammer auf den mittleren Stein klopfen, dahinter verbirgt sich der Nagel und das Kreuz aus Nussbaumholz ...", spricht Frau Mitnacht laut die Worte ihrer Schwester nach und macht sich Notizen dabei. „Vielen Dank, Magda, ich ruf an, wenn's vorbei ist", mit zittrigen Fingern legt sie den Hörer auf.

„Schnell, Agnes, ruf Toni an, er muss Til holen und zur Ruine Rodenstein bringen. Es geht um Tils Leben!"

Als sie den verdatterten Blick von Agnes sieht, erklärt sie schnell: „Man erzählt sich, dass der Rodensteiner in das Wilde Heer aufgenommen worden ist und dort auch irgendwie sein Anführer wurde. Fast jeden Winter soll er mit dem Heer durch den Odenwald gestürmt sein. Ich bin mir sicher, dass der Rodensteiner und seine wilden Reitergesellen hinter der Schneekatastrophe stecken. Vielleicht wirkt diesmal auch Odin mit, sonst wäre es ja nicht so dramatisch! Deshalb hast du auch diese Dinge erlebt auf der Hängebrücke … Til hat am Tag vor der Schneekatastrophe im Felsenmeer dieses riesige Hufeisen gefunden, im Fiebertraum, da hat er von Pferden und Hunden gesprochen und von einem Hauptmann, mit dem er nichts zu tun haben will. Das ist er, das ist der Rodensteiner. Agnes, Til ist in höchster Gefahr!" Verzweifelt schaut Louise Mitnacht Agnes Stefan an. „Wer in den zwölf Rauen Tagen und Nächten etwas findet, das dem Rodensteiner gehört oder gehört hat, den darf er holen, der muss mit dem Hauptmann ziehen. Mit dem wilden Heer der untoten Krieger", sagt sie in beschwörendem Tonfall.

„Was!", Agnes Stefan läuft ein eiskalter Schauer den Rücken hinunter. Bestürzt springt sie auf.

„Der Rodensteiner darf Til holen und zu seinem Knecht machen, das ist in unserer Familie schon mal passiert. Ein Bruder von uns wurde geholt, das war vor vielen Jahren. Deshalb hat mein Vater auch den Hufnagel aufgehoben und das Kreuz aus Nussbaumholz. Das Holz stammt von einem Baum vor der Burg des Rodensteiners und ist zaubermächtig." Frau Mitnachts Stimme klingt düster.

„Aber …!", Agnes Stefan ist verwirrt.

„Bleib bitte ruhig. Noch haben wir eine Chance!", sagt Frau Mitnacht und schaut wie in Trance in eine weite Ferne. „Mein Großvater und dessen Vorfahren hatten eine Schmiede in Reichelsheim. Bei jedem seiner wilden Züge kam das Heer in der Schmiede vorbei und mein Großvater hat die Pferde versorgt. Er hat die Hufe neu beschlagen und die Kettenpanzer repariert, manchmal auch die Waffen. Als Dank hat der Rodensteiner unserem Großvater einen Nagel geschenkt, mit dem kann man einen freikaufen, der eigentlich ins Heer des Rodensteiners müsste. Und als der Rodensteiner unseren Bruder holen wollte, da hat mein Vater den Nagel nicht mehr gefunden. Er wusste nicht mehr, wo er ihn aufbewahrt hatte. Das Kreuz hatte er, das hing an der Wand, aber den Nagel … Er hat ihn zwar später wieder gefunden, aber dann war es zu spät für die Rettung seines Sohnes … Deshalb hat mein Vater beschlossen, den Nagel und das Kreuz an einen Ort zu bringen, wo die zwei Dinge sicher aufgehoben sind, und er hat Aufzeichnungen hinterlassen, wo genau sie liegen und was man damit tun soll. Sie sind bei uns zu Hause in der Schachtel mit den Holzformen für die Lebkuchen. Magda hat es mir gerade vorgelesen …"

„Und wo sind …" Agnes Stefan stockt, als sie Louise Mitnachts fahles, aschgraues Gesicht sieht. Hier ist keine Zeit für Fragen mehr, das ist Agnes sofort klar. Ihr schwirrt der Kopf von all den Namen und Dingen, die sie da eben gehört hat. Wie in Trance wählt sie die Handynummer von Toni und bittet ihn inständig zu kommen, da es um Leben und Tod ginge.

Toni zögert erst mit einer Zusage, da es ihm nahezu unmöglich erscheint, bei diesem Sturm den Alaskahund zu steuern. Doch da er die Todesangst in der Stimme seiner Freundin wahrnimmt, sagt er zu.

Mit dem Alaskahund durch den Schneeorkan

„Und wohin wollen Sie Til bringen?", fragt Opa Krause mit bleierner Stimme. Er fürchtet, dass Til das alles nicht überleben wird. Denn sein Enkel sieht aus, als sei alles Leben aus ihm gewichen. Sein Atem geht röchelnd, und immer wieder stöhnt er laut auf und schlägt um sich, wie um jemanden zu vertreiben. Nun bäumt sich Til im Schlaf auf. „Lasst mich!", ruft er und seine Stirn glänzt. „Ich will nicht!" Kraftlos fällt er zurück in die Kissen.

Unschlüssig und vollkommen durcheinander schaut Opa Krause von Til zu Frau Mitnacht, von Frau Mitnacht zu Til. Ein Kälteschauer schüttelt ihn. Voller Angst starrt er seinen Enkel an, dessen kalkweißes Gesicht durchscheinend und leblos wirkt.

„Nach Reichelsheim, zur Rodensteiner Ruine, zu den Resten seiner Burg, müssen wir ihn bringen, dort hat mein Vater den Hufnagel und das Kreuz eingemauert, in einer geheimen kleinen Kammer hinter den Backsteinen, im dritten kleinen Fensterbogen im Brückenturm, von Westen her gesehen, dort sind sie eingemauert. Wir brauchen noch einen Hammer, um die Backsteine zu lockern, man kann da eigentlich leicht drankommen. Die Steine sind nicht einzementiert. Und Xandra, du fährst am besten mit. Du bist geschickt und klein genug, um da ranzukommen." Als sie Xandras qualvollen Blick sieht, drückt sie ihr die Hand. „Keine Angst, wir sind ja bei dir." Xandra atmet tief durch. Dann schüttelt sie energisch den Kopf. Das kann nicht mehr so weitergehen mit dieser kläglichen Heulerei! Sie beschließt innerlich, jetzt stark zu sein und nicht mehr zu weinen. Wenn

es um Tils Leben geht, dann will sie helfen. Sie schluckt den Angstkloß, der ihr schon die ganze Zeit im Hals steckt, tapfer hinunter und richtet sich auf. Plötzlich ist alle Angst von ihr gewichen. Xandra spürt, dass sie es mit dem Wilden Heer aufnehmen kann und will. Dem Rodensteiner, dem wird sie es zeigen!

Noch ehe jemand antworten kann, lässt ein seltsames Geräusch aus dem Wohnzimmer die drei auffahren. Xandra springt als Erste auf um nachzuschauen. „Ein Alaskahund", ruft sie, „ein Alaskahund ist am Wohnzimmerfenster!"

„Öffne das Fenster, schnell! Das ist Toni!", meint Agnes Stefan. Das Blut pocht ihr in den Schläfen. Sie versucht ihre wild durcheinander sausenden Gedanken zu ordnen. Man hört, wie der Alaskahund an der Außenwand des Hauses mit seinen Spezialsaugnäpfen andockt und sich so in Position bringt, dass sich der Einstieg genau vor dem Wohnzimmerfenster befindet.

Xandra tut, wie ihr geheißen. Sie öffnet das Fenster und ein dick eingemummter Mensch springt auf den Wohnzimmerteppich. Er zieht die Mütze vom Gesicht. Schon ist Agnes Stefan da und fällt ihm um den Hals. Das ist also Toni! Er hat lustige dunkle Augen, pechschwarze Locken und strahlt eine wunderbare Fröhlichkeit und Wärme aus. Er und Agnes passen wirklich gut zusammen!

Schnell erklärt Agnes ihm die Lage. Erst will Toni auch nicht wahrhaben, was er da hört, aber irgendwie leuchtet es ihm sein, dass diese schreckliche Schneekatastrophe mit einem Geisterheer zu tun haben könnte. Bei seinen Rettungseinsätzen hatte er schon ein paar Mal das Gefühl, als ginge es dabei nicht nur um eine Masse Schnee. Er hätte es zwar nicht in Worte fassen können, aber das, was Agnes ihm da erzählt, das passt irgendwie genau mit seinem Gefühl zusammen. Manchmal schon schien es ihm, als packe ihn eine Geisterhand. Und das metallische Klirren von Waffen, das Bellen und Knurren von Hunden, Fluche und Kommandostimmen, … Jetzt, wo Agnes ihm das vom Geisterheer erzählt hat, kann er sich auch einen Reim auf das machen, was er in den letzten Tagen erlebt und gehört hat. Er wollte es als Halluzinationen und Einbildungen abtun, aber eigentlich waren die Eindrücke zu deutlich dazu. Als er hört, dass sie mitten in das Zentrum des Orkans fahren sollen, nach Reichelsheim und dazu noch zu einer uralten Ruine, da läuft es ihm eiskalt den Rücken hinunter. Aber in den Gesichtern der Freunde von Agnes erkennt er eiserne Entschlossenheit. Jetzt kann er auf keinen Fall kneifen.

Frau Mitnacht hat Til und Xandra in warme Kleider gepackt und um Til außerdem mehrere Decken herumgewickelt. Toni nimmt ihn auf die Arme und trägt ihn dann ins Wohnzimmer, um ihn in den Alaskahund zu bringen. Zögernd dreht er sich um: „Es wäre gut, wenn jemand mitfährt", meint er und wirft einen besorgten Blick auf das Häuflein Elend, das er in seinen Armen trägt.

„Xandra und ich, wir werden mitfahren!", erklärt Frau Mitnacht mit fester Stimme und reicht Xandra den Hammer, den sie noch schnell aus dem Werkzeugkasten in der Küche geholt hat. Sie hat sich selbst schon ihren warmen Wintermantel, Mütze und Schal angezogen. Es fehlen nur noch die Winterstiefel und Handschuhe. Toni schaut fragend auf den Hammer, den Frau Mitnacht Xandra gereicht hat. Frau Mitnacht erklärt schnell, wobei sie sich die Stiefel anzieht: „Mein Vater hat in der Rodensteiner Ruine in einem Geheimversteck einen Nagel und ein Kreuz hinterlassen. Dort bei der Ruine ist der Ort, an dem die Kinder, die der Rodensteiner als seine Knechte genommen hat, sozusagen vereidigt werden. Das Wilde Heer ist dahin unterwegs. Xandra ist sehr geschickt, sie wird die zwei Gegenstände rausholen, und damit wird Til gerettet werden. Ich bin sicher, dass sie es schaffen wird!" Toni blickt Xandra aus großen Augen an. Das traut sie sich? Doch als er dem offenen und mutigen Blick von Xandra be-

gegnet, dann ist ihm klar: Wenn dies jemand gelingen wird, dann ihr. Voller Bewunderung für ihren Mut und ihre Furchtlosigkeit nickt er zum Zeichen des Einverständnisses. „Wir bleiben über das Handy in Kontakt!", sagt er, gibt Agnes einen liebevollen Kuss und schon sind die drei im Alaskahund verschwunden.

Als Opa Krause hinter ihnen das Wohnzimmerfenster schließt und sich daran macht, den Schnee wegzukehren, schluchzt Agnes Stefan, deren Nerven das Ganze nicht mehr mitmachen. „Und wenn sie es nicht schaffen? Wenn sie nicht bis zur Ruine kommen? Sie fahren geradewegs ins Zentrum des Orkans!!"

Opa Krause blickt sie stumm an. Ihm geht es genauso. Wenn er sich jetzt nicht an der Beschäftigung des Schneezusammenkehrens festhalten könnte, würde er auch in Tränen ausbrechen.

Innen im Alaskahund schnallt Toni Frau Mitnacht zusammen mit Til und Xandra auf die Trage und zwar so, dass Frau Mitnacht Til fest in ihren Armen hat. Xandra kuschelt sich an die Seite ihrer Großmutter. Sie fühlt sich stark wie eine Heldin aus einem Abenteuerroman und ist sich ganz sicher, dass es ihr gelingen wird. Den Hammer hält sie fest umschlossen in ihrer behandschuhten Hand. Noch beim Einsteigen in den Alaskahund hat ihre Großmutter ihr erklärt, wo der Nagel und das Nussbaumholz-Kreuz sind. Genau in der Mitte der Steine im dritten kleinen Bogen am Turm. In der Mitte von drei exakt übereinander gemauerten Steinen. Sie brauche nur leicht dagegenzuklopfen, und das „Fach" würde sich öffnen. Der Vater von Frau Mitnacht, also Xandras Ur-großvater, habe einen speziellen Mechanismus eingebaut, da ihm klar war, es würde strenger Winter sein, wenn der Rodensteiner Kinder zu Knech-ten machen wollte. Das tat er nämlich nur in den so genann-ten ‚Raunächten', der Zeit vom 25. Dezember bis zum 6. Januar. Das war die Zeit, in der das wilde Gespenster-heer unterwegs ist.

Neugierig lugt Xandra in Richtung Cockpit des Alas-kahundes. Tatsächlich, es ist so, wie im Fernsehen immer beschrieben wurde: Neben dem Steuer und vie-len in verschiedenen Farben blinkenden Lichtchen und Knöpfen befinden sich Schal-ter und sonstige seltsame Vorrichtungen. Aber das Im-posanteste, was dort zu se-hen ist, sind zwei ziemlich große Bildschirme. Der eine leuchtet in unterschiedlichen Blau-tönen auf. Als Xandra genau hinsieht, erkennt sie den Birnbaum vom Garten ihrer Großmutter, den Hühnerstall und das Nachbarhaus. Man konnte die Umgebung ganz genau erkennen, allerdings war alles in intensive Blautöne getaucht. Auch der Schnee war blau, fast konnte man sich einbilden, unter Wasser zu sein, aber nur fast, denn das Blau war kein Wasserblau, sondern ein fremdfarbiges, unwirkliches Stahl- bis Graublau. „Das ist der SFP", erklärt Toni rasch, dem Xandras neugieriger Blick nicht entgangen ist. „Das heißt ein ‚Space-Feeler-Performator', damit wird der Raum, über den wir im Schnee fliegen oder besser gesagt ‚tauchen', sichtbar. Und das hier", Toni deutet auf den anderen, etwas kleineren Bildschirm, „ist ein Navigator. In dem stelle ich den Zielpunkt ein, also ‚Ruine Rodenstein', und das Gerät rechnet mir die einfachste und schnellste Strecke aus."

Xandra kommt sich fast vor wie in einem Raumschiff, das in eine fremde Welt unterwegs ist. Bei der gefährlichen Fahrt in Richtung Reichelsheim, zu der sie jetzt aufbrechen werden, müssen sie sehr gut festgeschnallt sein, sonst würden sie im Innern des Alaskahundes herumgeworfen werden und sich womöglich sämtliche Knochen brechen. Deshalb prüft Toni noch einmal sorgfältig die Gurte, die um Frau Mitnacht, Til und Xandra geschlungen sind, bevor er sich selbst auch seinen Gurt anlegt. Dann drückt er verschiedene Knöpfe, die in hellen Farben aufleuchten und los geht die halsbrecherische Fahrt. Der Alaskahund fährt durch den leichten Schnee wie durch ein Meer von Daunenfedern, die so gut wie keinen Widerstand entgegensetzen. Kaum haben sie sich mit lautem Motorengeheul problemlos durch die Schneedecke nach oben gegraben und die Schneedecke durchbrochen, fängt der Alaskahund an, beängstigend zu schlingern und zu torkeln. Eine starke Sturmböe hat ihn an der Seite erfasst und drückt ihn zu Boden. Sie müssten sich jetzt auf der Höhe von Weinheim befinden. Doch die Sicht auf irgendetwas, was nicht Schnee ist, ist sowieso unmöglich, da alles unter einer gewaltigen, unvorstellbar hohen Schneemenge begraben liegt. „Aufgepasst!", schreit Toni und reißt das Steuer nach unten. Es ist zwar äußerst gefährlich, auf was er sich da einlässt, aber anders kommen sie nicht voran. Der Alaskahund gräbt sich wieder in den Schnee. Unterhalb der Schneedecke hofft Toni leichter voranzukommen. Denn der Sturm macht jegliches Richtunghalten unmöglich. Schon dreimal sind sie aus der Bahn geworfen worden. Das Heulen und Toben des Sturmes reißt an den Nerven. Einige Male war schon deutliches Hundegebell zu hören. Toni hat Frau Mitnacht stumm im Rückspiegel angesehen, und beide haben sich zugenickt. Waren das eben Peitschenknalle oder reißt der Sturm an irgendetwas, was sich genauso anhört? Tonis Nerven liegen blank. „Eine Fahrt durch die Schneehölle!", denkt er und beißt die Zähne zusammen. So schlimm war es bei seinem Kanadaeinsatz längst nicht. Da hatte er einfach nur mit einer Masse Schnee zu tun, aber das hier … Hier toben sich wahrlich wilde Geister aus!

Til stöhnt und versucht, um sich zu schlagen. Doch da er zusammen mit Frau Mitnacht auf der Trage festgeschnallt ist, ist das nicht möglich. „Nein!", schreit er gellend, „Nein! Ich will nicht zum Hauptmann!" Und nun reißt er die Augen auf. Zum Glück ist Frau Mitnacht dabei. Beruhigend drückt sie ihn an sich und versucht, in dem brummenden Alaskahund so etwas wie Normalität auszustrahlen. „Wo bin ich?", stottert Til. „Hat mich der Hauptmann?"

„Nein, Til, und der wird dich auch nicht bekommen!", verspricht Frau Mitnacht aufrichtig. In dem Moment schreit Toni: „Achtung, ich muss hoch!"

Ein furchtbarer Schlag erschüttert das Fahrzeug und im selben Moment bricht der Alaskahund durch die Schneedecke. „Fast wären wir gegen ein Gebäude geknallt, wir sind schon über Fürth!", fügt Toni hinzu, und „Tut mir Leid, ich musste kurz auftauchen, bald wird's wieder einfacher!", entschuldigt er sich. Kalter Schweiß steht auf seiner Stirn. Ob sie es überhaupt schaffen? So sicher ist er sich mittlerweile nicht mehr. Frau Mitnacht und Xandra halten sich mit verkrampften Händen an den Haltegriffen fest, denn der Alaskahund schlingert im Sturm.

„Aufgepasst, es ist so weit! Wir tauchen wieder in den Schnee! Hier ist eine Verwehung!", schreit Toni, und der Alaskahund steuert geradewegs auf die weiße Schneewand zu. Es gibt einen Aufprall, Xandra glaubt, sich jeden Moment übergeben zu müssen, so schlecht ist ihr dabei geworden. Frau Mitnacht schließt die Augen. Dass sie so etwas noch auf ihre alten Tage erleben muss!

Wieder heult der Sturm laut auf, und es ist, als würden Hunderte und Tausende von Pferdehufen durch die Lüfte trappeln. Menschen kreischen, und laute Kommandorufe erschallen. Schwerter und Waffen klirren. „Der Hauptmann kommt!", flüstert Til und wird aschfahl. Toni erschrickt zu Tode. Das war ja wie in einem Horrorfilm! Schnell reißt er das Steuer herum und lenkt den Alaskahund unter die Schneedecke Richtung Reichelsheim. Über den SFP-Bildschirm flimmern blaue Bäume. Ab und zu sieht man von oben Dächer von Häusern. Toni versucht, sich immer über der B 38 zu halten, dann in Reichelsheim auf die Heidelberger und danach auf die Darmstädter Straße zu kommen. Danach will er Richtung Ruine auf die Rodensteiner Straße links abbiegen, so schlägt es ihm jedenfalls sein Navigationsgerät vor. Und das alles sollte, wenn möglich, unterhalb der Schneedecke passieren, um nicht ganz in den Orkan zu geraten.

Hufnagel und Nussbaumkreuz

Zur selben Zeit sitzt Agnes Stefan, die ihre Fassung wieder zurückgewonnen hat, auf der Wohnzimmercouch. Sie starrt das Hufeisen an, das aussieht, als sei es lebendig. Lichter scheinen es zu umspielen. Bis jetzt hat keiner sich getraut, es anzufassen. Man wusste ja nicht, ob man sich dadurch zu einem Kandidaten für das Heer des Rodensteiners machen würde. Opa Krause läuft nervös im Zimmer auf und ab. Noch immer liegt ein Hauch der eisigen Winterluft im Zimmer, obwohl die vier jetzt schon seit über einer viertel Stunde mit dem Alaskahund aufgebrochen sind. „Warum lockt Til immer alle möglichen Spuk- und Geisteraufzüge an?", murmelt Opa Krause. „Ich versteh das nicht!"

„Herr Krause, wollen Sie sich nicht mal hinsetzen?", Agnes Stefan verliert bei dem Hin- und Hergelaufe bald wieder die Nerven.

„Wenn es wirklich dieses Geisterheer ist, von dem Louise erzählt hat, warum kommt es dann nicht jedes Jahr?", fragt Agnes Stefan und schnieft. Sie hat zwar aufgehört zu weinen, aber ihre Nase ist davon noch ganz schön verstopft.

„Wenn ich das wüsste, wenn ich das wüsste …", brummt Opa Krause und setzt sich endlich hin. Nervös zupft er an dem gehäkelten Deckchen herum, das auf dem Wohnzimmertisch liegt.

„Erstens: Frau Stefan, Sie kennen ja meine Meinung. Eigentlich glaube ich an diesen Firlefanz von Geistern und so weiter nicht."

Agnes Stefan nickt.

„Zweitens: Mal theoretisch angenommen, es gäbe dieses Geisterheer und diesen Rodensteiner wirklich, und auch mal angenommen — natürlich nur theoretisch —", Opa Krause schluckt, „dieses Geisterheer zöge zwischen Weihnachten und Dreikönig herum, warum dann dieses Jahr so besonders schlimm und wofür wollen sie Til haben …?!"

In dem Moment piept das Handy. Agnes Stefan ist sofort dran. „Ja, ihr seid schon an Fürth vorbei, o.k. Es geht ganz gut voran, richte ich aus. Til ist wach, scheint aber … o.k., gebe ich weiter. Danke, Toni!"

„Sie haben ja alles mitgehört. Til ist jetzt wach und scheint aber jetzt auch im Wachzustand dieses Heer zu sehen. Toni findet die Fahrt ganz grauslich, versucht aber, sich nur auf den Alaskahund zu konzentrieren. Zum Glück ist Frau

71

Mitnacht dabei, hat er gesagt, sie habe die Situation ganz gut im Griff. Wissen Sie was, Herr Krause, ich ruf jetzt mal die Schwester von Louise an, vielleicht weiß die noch etwas, was uns mehr erklärt."

Schnell wählt sie die Nummer und schon nimmt am anderen Ende Frau Kirchgessner, die Schwester von Louise Mitnacht, ab.

Agnes Stefan teilt ihr den Stand der Dinge mit: Dass Til im Alaskahund unterwegs ist und sie auf dem Weg zur Rodensteiner Ruine sind. Da die Stimme von Frau Kirchgessner sehr freundlich und Vertrauen erweckend klingt, traut sich Agnes Stefan zu fragen, ob sie sich vorstellen kann, warum es in diesem Jahr so besonders schlimm ist mit dem Schnee und warum der Rodensteiner unbedingt Til haben will.

„Darüber habe ich auch die ganze Zeit schon nachgedacht", antwortet Frau Kirchgessner. Agnes Stefan stellt das Telefon auf Zimmerlautsprecher.

„Meine Schwester und ich, wir haben von unserem Vater, der von seinem Vater die Schmiede damals übernommen hatte, seine Hinterlassenschaft geerbt. Er ist freilich schon sehr lange unter der Erde, vor über 30 Jahren ist er gestorben. Vor allem hat er uns eingeschärft, dass wir die Aufzeichnungen über die Ruine Rodenstein nie verlieren dürfen."

„Hm!", Agnes Stefan räuspert sich am anderen Ende. Das wussten sie ja schon von Frau Mitnacht.

Frau Kirchgessner erzählt weiter, dass das Kreuz aus Nussbaumholz aus einem Dachbalken der Burg Rodenstein gefertigt ist und deshalb als zauberkräftig gilt. Früher, als sie noch kleiner waren, hat der Großvater bei Familienfesten oft davon erzählt, wie das Heer des Rodensteiners durch seine Schmiede gezogen ist. Daran muss Frau Kirchgessner jetzt plötzlich denken. „Mein Gott, wie lange habe ich mich daran nicht mehr erinnert …" Deutlich stehen ihr auf einmal Erinnerungen ihrer Kindheit vor Augen: Der Großvater mit seiner altmodischen langen Pfeife, die Großmutter, die ihre blonden Haare immer zu Zöpfen gebunden um den Kopf geflochten hatte, ihre Mutter, ihr Vater …

„Wissen Sie, in der Schachtel mit den Lebkuchenformen, in der wir die Aufzeichnungen aufbewahren, liegen auch ein paar alte Fotos, auf denen unser Großvater abgebildet ist. Auch eines, das ihn als Schmied zeigt, in seiner Werkstatt, mit Amboss und Hammer."

„Und woher hat er denn den Hufnagel?", fragt Agnes Stefan nach.

Frau Kirchgessner berichtet, dass der Großvater gern erzählte, wie in den zwölf Nächten zwischen Weihnachten und Neujahr das Wilde Heer immer durch die Lüfte gezogen sei. Mit offenen Mündern hätten sie ihm als Kinder zugehört, obwohl sie die Geschichten schon in- und auswendig kannten, war es doch immer wieder wie neu, wenn der Großvater sie erzählte. Seine Schmiede lag genau auf dem Weg, den das Wilde Heer nahm, von der Burg Rodenstein, wo es sich gesammelt hat, durch den Odenwald hinunter bis nach Heidelberg. Nachts sei er aus dem Schlaf geweckt worden und dann musste er in die Schmiede, Feuer machen, so erinnert sie sich.

Lose Hufeisen musste er wieder festnageln, manche Pferde hatten die Hufeisen ganz verloren, da musste er neue daraufnageln, einige Male sollte er auch Waffen, die stumpf geworden waren, wieder schärfen oder verbogene gerade hämmern. Dem Rodensteiner hat er auch mal sein Pferd beschlagen müssen, auch an diese Geschichte erinnere sie sich, als hätte sie der Großvater gerade gestern erzählt. Was für ein wilder und grausiger Bursche es gewesen war, eine Rüstung aus schimmerndem Metall habe er getragen und sein Pferd sei ein

schwarzer Araberhengst gewesen. Drei Krieger des Geisterheeres hätten dem Großvater beim Beschlagen helfen müssen, denn das Pferd habe gescheut. Der Rodensteiner habe ihn immer reichlich bezahlt und für das Beschlagen des Hengstes habe er ihm einen Hufnagel geschenkt, mit dem man einen Menschen vom Dienst im Wilden Heer freikaufen könne. Denn der Großvater hat seine Kinder und Enkel immer wieder und wieder gewarnt: Niemand, der keinen Dienst anzubieten hat, darf das Heer zu Gesicht bekommen. Deswegen mussten alle, wenn sie das Heer heranziehen hörten, mit seinem Waffengeklirr, dem Getöse und den wilden Schreien, dem Hundegebell und Kettenrasseln, sich sofort mit dem Bauch auf den Boden legen und den Kopf bedecken. Sie durften erst dann wieder aufschauen, wenn das Wilde Heer vorbeigezogen war.

Häuser und Höfe erzitterten, wenn das Heer herankam, manche Dächer wurden abgedeckt und Bäume entwurzelt, wenn der Rodensteiner heranritt.

Der Großvater war der Einzige im Dorf, der den Rodensteiner und sein Heer jemals zu Gesicht bekommen hat, nur für ihn war diese Regel außer Kraft gesetzt, denn er war der Schmied des Geisterheeres, der Rodensteiner hatte ihn dazu bestimmt. Und dafür genoss er auch einigen Respekt im Dorf. Er galt mehr als der Bürgermeister und der Pfarrer, denn Schmied des Rodensteiners zu sein, das lag weit über dem Respekt, den man normalen Amts- und Würdenträgern entgegenbrachte. Doch seit es keine Schmiede mehr im Dorf gab, war auch das Wilde Heer nicht mehr aufgetaucht. Zwar hatte ein Sohn des Großvaters die Schmiede übernommen, aber seitdem es Traktoren und Mähdrescher gab, sind auch die Pferde immer weniger geworden und er musste sein Geschäft aufgeben. Das war schon vor vierzig oder fünfzig Jahren gewesen. So genau erinnert sich Frau Kirchgessner auch nicht mehr.

„Warum zieht das Heer jetzt wieder durch die Luft?", fragt Ludwig Krause nach.

„Und ist denn da auch Odin, der alte Germanengott, dabei?", will Agnes Stefan wissen.

Frau Kirchgessner überlegt am anderen Ende. Wo war es all die Jahre geblieben? Wann war es überhaupt das letzte Mal gehört worden? Dann erzählt sie, dass ihr Vater die Schmiede kurz vor dem Krieg zugemacht hatte oder kurz nach Kriegsanfang, also so um 1939 herum, sie war damals noch ein junges Mädchen. Und die Leute haben erzählt, dass sie glaubten, ein Krieg würde ausbrechen, weil der Rodensteiner so wild wie noch nie durch den Odenwald gezogen sei. Und ein Krieg ist ja dann auch ausgebrochen, ein sehr schrecklicher sogar, das hat sie am eigenen Leib erleben müssen. Ihr Onkel zum Beispiel habe sein Leben auf dem Schlachtfeld verloren und der andere Onkel auch. Nur ihr Vater, der habe überlebt. „Und dann hat der Rodensteiner ja auch unseren Bruder mitgenommen, aber das hat Ihnen Louise schon erzählt, nicht wahr?", sagt Frau Kirchgessner, und ihre Stimme klingt plötzlich ganz leer.

Agnes Stefan schluckt. Was sollte sie dazu sagen? Wenn es Til nun genauso ergehen wird? Ein Verzweiflungsschauer läuft ihr kalt den Rücken hinunter.

„Kündigt der Rodensteiner jetzt etwa einen Krieg an?", fragt sie nun, um das Thema zu wechseln.

„Das glaube ich nicht!", meint Frau Kirchgessner, doch ihre Stimme klingt eher zögerlich. „Es muss doch aber einen Grund geben, warum das Geisterheer so tobt?", fragt Agnes Stefan ängstlich.

„Man erzählt, dass der Rodensteiner nicht nur mit seinem Heer durch die Raunächte tobt, um Krieg anzuzeigen, sondern auch Zeiten, in denen die Menschen übermütig werden und die Natur und die ewigen Gesetze missachten. Vielleicht will er uns warnen? Doch vor was?", grübelt Magda Kirchgessner. „Und Sie haben Recht: Vielleicht ist diesmal auch das alte Geisterheer der Germanen mit unterwegs, deshalb diese Schneekatastrophe. Sie merken schon, ich kann Ihnen leider auch nicht weiterhelfen", setzt sie entschuldigend nach.

„Weit kann es nicht mehr sein!", ruft Toni nach hinten in den Alaskahund Frau Mitnacht zu. „Wir sind jetzt schon über der Rodensteiner Straße und auf dem Schirm des Navigationsgeräts ist die Ruine schon angezeigt, nur auf dem SFP noch nicht." Eine starke Sturmböe ergreift den Alaskahund und schleudert ihn in die Höhe. Frau Mitnacht stöhnt. Zum Glück sind alle gut angeschnallt, sonst hätten sie sich sicherlich schon alle Knochen gebrochen. Toni spielt an dem Navigationsgerät herum. „Auf dem SFP taucht ein Haus auf, unter uns! Das muss das Gasthaus unterhalb der Burg sein, ich glaube, ich erkenne sogar die Ruine!", ruft Toni laut, als er in den blauen Bildschirm blickt. Sie sind wieder umgeben von lauten und unheimlichen Klirr- und Waffengeräuschen. Til ist ganz still und horcht angestrengt. Irgendwie ist eine Veränderung in ihm vorgegangen. Er scheint keine Angst mehr zu haben. Doch Frau Mitnacht findet das beunruhigender als die Zeit zuvor, als sich Til mit Händen und Füßen gegen das Geisterheer gewehrt hat. Er schaut nach draußen, als ob er dort etwas sehen könnte. Wortfetzen von gebrüllten Kommandos dringen an Frau Mitnachts und Tonis Ohr. Til hat seit längerer Zeit nichts mehr gesprochen. Seine Haut glänzt unnatürlich fahl. Auch Toni ist die Veränderung nicht entgangen. „Wir tauchen wieder ab!", ruft er und schaltet das Navigationsgerät so ein, dass es die eingegebene Richtung vollautomatisch einhält. Dabei hat er die Geschwindigkeit stark gedrosselt, um einen Aufprall gegen die Ruinenmauern zu vermeiden. Unter der Schneedecke fährt es sich weitaus angenehmer als oben im Sturm. Xandra hält den Hammer fester. „Bist du bereit, Xandra?", flüstert Frau Mitnacht. „Ja!", klar und deutlich antwortet Xandra. „Keine Bange, Oma, ich hab keine Angst!"

„Festhalten!", schreit Toni erschrocken. Vor ihnen taucht etwas Dunkles auf. Gleichzeitig ertönen schrille Kriegstrompeten. Tils Lippen zittern.

„Wir sind vor der Ruine, Frau Mitnacht, zu welcher Wand soll ich steuern?", schreit Toni. Seine Arme und Hände tun weh, so fest umklammert er das Steuer des Alaskahundes. Aus irgendeinem Grund drücken die Sturmkräfte gegen den Alaskahund, obwohl das eigentlich gar nicht sein kann, denn sie befinden sich tief unter der Schneedecke. Toni hat Angst, dass sie gegen einen Baum oder eine Steinmauer geworfen werden. Wie soll Xandra da aussteigen? Schweißtropfen laufen sein Gesicht herab, so anstrengend ist es, den Alaskahund ungefähr in der richtigen Richtung zu halten.

„Sie fliegen außen herum, der freistehende Turm ist es, Sie müssen von Westen her kommen! Passen Sie aber auf die Bäume auf!", schreit Frau Mitnacht, so laut sie kann, um im Sturmgeheul, Waffengeklirr und Männerfluchen, das um sie herum tobt, überhaupt gehört zu werden.

Toni steuert das Gerät um die Ruine herum, wie Frau Mitnacht gesagt hat. Jetzt sieht er auch den Turm und die kleinen Bögen, unter dem dritten von links sind der Hufnagel und das Kreuz! Er bleibt in einem Abstand von ungefähr sechs Metern vor dem Turm stehen. Denn ganz heranfliegen wäre zu gefährlich. Wenn eine plötzliche Sturmböe die Schneedecke aufreißen würde, würden sie sofort gegen die Mauer geschleudert. Er drückt schnell den Knopf des Verankerungsgeräts. Vier Stahlbeine bohren sich in den Boden vor dem Baum. Der Alaskahund steht fest. Jetzt muss er nur noch die Tunnelbrücke ausfahren, eine Art rohrförmige Brücke, in der Xandra dann auf allen vieren zum Sims des Fensters robben muss. Ob sie das schaffen wird? Toni schaut in den Rückspiegel. Xandra wirkt sehr ruhig und gefasst. „Xandra", presst Frau Mitnacht zwischen den Zähnen hervor. Sie hat das Gefühl, nicht mehr zu wissen, wie es ist, festen Boden unter den Füßen zu haben. „Traust du dich auch wirklich, mein Kind?"

Xandra nickt.

Frau Mitnacht atmet tief durch und nestelt am Sicherheitsgurt. Sie öffnet die Schnalle, hilft ihrer Enkelin sich zu erheben und überreicht ihr die Taschenlampe, die sie von zu Hause mitgebracht hat. Im Alaskahund brennt ja ein Innenlicht, wenn Xandra aber am Bogen angelangt ist, könnte es womöglich ziemlich dunkel sein.

Tils Stirn und der ganze Körper glühen. Das Fieber ist eher gestiegen als gesunken, stellt Frau Mitnacht besorgt fest.

Toni hat die Geschwindigkeit auf Null gedrosselt, fährt das Andockgerät mit der Brücke aus und aktiviert die Tunnelfunktion. „Wenn das Andockgerät fest am Fenster sitzt und die Tunnelbrücke ausgefahren ist, dann können Sie Xandra helfen, auszusteigen", setzt Toni nach. Er hält die Luft an. Hoffentlich wirbelt jetzt keine Böe den Schnee auf.

Vorschriftsgemäß legt sich das Andockgerät an die Turmmauer, schließt allerdings nicht ganz mit der Wand ab, da es hier keine richtig glatte Fläche gibt. Dann schiebt sich die Tür des Alaskahundes beiseite und die Brücke gräbt sich in die Schneewand. Gleich darauf brummt es lustig und ungleichmäßig und eine komische dunkle Kugel bohrt sich mitten durch den Schnee, um einen Tunnel zu graben. Kalte, eiskalte Luft strömt ihnen entgegen. Xandra und Frau Mitnacht schnappen nach Luft. „Los, Xandra, auf geht's! Viel Glück!", ruft Frau Mitnacht und gibt Xandra einen freundlichen Klaps auf die Schulter.

Gefährliche Minuten für Xandra

Xandra ergreift den Griff an der Aussteigeluke und hält die Luft an. Dann setzt sie einen Fuß auf die Brücke, kniet sich hin und robbt den Tunnel entlang zur Turmmauer. Toni befestigt die Tunnelbrücke mit weiteren Stützpfeilern, die sich automatisch per Knopfdruck ausfahren. Bewundernd blickt er Xandra nach, die schon fast am Ende der Tunnelbrücke angelangt ist. Dann hilft er Frau Mitnacht, Til aufzurichten, der mit glasigen Augen ins Leere starrt. Frau Mitnacht setzt sich auf die Liege und hält Til gestützt vor sich. Er muss, wenn Xandra mit dem Nagel und dem Kreuz kommt, die beiden Dinge in die Hände nehmen können. Toni fühlt bei Til die Stirn. Sie glüht immer noch wie ein Backofen. „Der Junge hat bestimmt 40 Fieber, wenn nicht mehr!", schießt es Toni durch den Kopf. Ob er überhaupt noch richtig bei Bewusstsein ist? In dem Moment wird der Schnee fürchterlich stark aufgewirbelt und der Sturm heult um den Alaskahund, als ob sie sich in der tiefsten aller Schneehöllen befänden.

„Hoffentlich bekommt Xandra jetzt keine Angst!" Frau Mitnacht schickt mehrere Stoßgebete zum Himmel.

Xandra zuckt zusammen, als sie das schreckliche, teuflische, höllengleiche Toben und Sausen des Sturmes hört. Noch bietet die Tunnelbrücke Schutz. Doch um ans Versteck zu kommen, muss Xandra ganz ans Ende der Tunnelbrücke und die bebt gewaltig. Jetzt ist sie ungefähr einen Meter vor der Mauer, sie zählt die Bögen ab und wendet sich dem dritten zu. Sie muss jetzt schnell handeln, denn wenn der Sturm den Schnee weggewirbelt hat, dann wird es ein Leichtes für ihn sein, den Tunnel zu zerstören. Sie wäre verloren, und Til genauso, denn dann hätte sie keine Chance den Nagel und das Kreuz zu holen. Der Sturm würde sie einfach in die Tiefe werfen! Xandra versucht, dem Heulen des Sturmes keine Beachtung zu schenken. Von den Scheinwerfern des Alaskahundes strahlt genug Licht in Richtung Turm, so dass sie die Taschenlampe nicht braucht. Xandra wirft sie weg. Sie tastet vorsichtig nach vorne und wischt mit der Hand den Schnee weg, der sich noch in der Bogennische befindet und sucht die Stelle, die ihre Großmutter ihr beschrieben hat. Tatsächlich, hier sind drei Backsteine genau und exakt übereinander gemauert. Der mittlere, der bezeichnete das Geheimfach, da müsste sie draufschlagen.

Xandra beißt die Zähne zusammen. Der Sturm heult um den steinernen Turm, die Tunnelbrücke knistert und knattert bedrohlich. Plötzlich wird es heller. Was ist passiert? Xandra schaut sich um. Die starken Sturmböen haben die Schneedecke weggefegt! Der Turm steht teilweise frei! Doch viel schlimmer ist, auch von der Tunnelbrücke ist die schützende Schneedecke weggeweht worden. Die dünne, spezial beschichtete Aluminiumhaut bauscht sich im Sturm und knattert schrecklich. Hoffentlich zerreißt sie nicht! „Ich muss mich beeilen!", dieser Gedanke hämmert in Xandras Kopf. Schweiß bricht ihr am ganzen Körper aus, als sie sich niederkniet, um das Geheimfach mit einem Hammerschlag zu öffnen. Sie schlägt fest zu. Doch weil sie den Handschuh anhat, hat sie kein richtiges Gespür für den Hammer. Deshalb streift sie kurz entschlossen, ohne sich irgendwelche Gedanken über die Eiseskälte zu machen, beide Handschuhe ab und lässt sie achtlos fallen.

Die Tunnelbrücke schwankt und knattert wie wild, der Sturm dringt in den Spalt zwischen Turmmauer und Ende der Tunnelbrücke ein. Der Wind heult und tost. Xandra glaubt das schreckliche Knurren und Bellen von Hunden zu hören. „Jetzt aber schnell!", ermahnt sie sich und haut, so fest sie kann, gegen den mittleren Backstein. Sofort gibt dieser nach. Xandra greift mit der linken Hand hinein und tastet vorsichtig. Um sie herum pfeift der Wind, als ob er mit einem Lautsprecher verstärkt worden wäre. Xandra versucht, ihm keine Aufmerksamkeit zu schenken. Sie richtet alle ihre Gedanken auf das Geheimfach. Die restlichen Sinneswahrnehmungen schaltet, sie so gut sie kann, einfach ab. Wie in Zeitlupe, als ob sie alle Zeit der Welt hätte, fühlt sie den Boden des Geheimfachs ab. Da treffen ihre Finger auf etwas eiskaltes Spitzes. „Der Hufnagel!", jubiliert es in Xandra. Schnell holt sie ihn heraus und nimmt ihn in die rechte Hand. Dann fährt sie wieder hinein und tastet weiter. Da spürt sie das Kreuz. Sie packt es, richtet sich auf und erhebt sich. In diesem Moment tobt eine fürchterliche Sturmböe heran und zerrt an der Tunnelbrücke und versucht sie aus ihrer Verankerung zu reißen. Xandra erschrickt. Es heult mit grauenhaften menschlichen Stimmen direkt neben ihr auf. Abschlusssteine der Turmmauer werden vom Sturm einfach mitgerissen. Einer schlägt auf der Tunnelbrücke auf und bleibt darauf liegen.

Der hätte auch Xandra treffen können!

Sie dreht sich um und kriecht, so schnell sie kann, zurück. Der Sturm heult wie ein menschliches Wesen, Waffen klirren, Männer fluchen, Hunde bellen gellend. Xandra bekommt plötzlich furchtbare Angst. Ihr Herz rast. Diese schrecklichen Geräusche hören sich an, als kämen sie aus dem Innersten der schlimmsten Hölle.

Lange wird die Tunnelbrücke nicht mehr halten! Jetzt ist sie nicht mehr weit vom Alaskahund entfernt. Da greifen kräftige Arme nach ihr und ziehen sie hoch. Toni hat sie im letzten Moment erwischt, denn jetzt reißt der Sturm die Tunnelbrücke mit sich, Steine prasseln in Richtung Alaskahund. Ein Knopfdruck genügt, und die Andocktür des Alaskahundes schließt sich sofort. Der Sturm zerrt und reißt am Schneegefährt. Steinbrocken vom Turm fallen auf es und hinterlassen tiefe Beulen. Doch zum Glück schlägt keiner durch. Für den Augenblick scheint der Alaskahund recht stabil. Er zittert und bebt zwar erbärmlich, im Innern hallen die Aufschläge der Steine wie dumpfe Keulenschläge wieder. Aber die Wand des Alaskahundes hält.

Geistesgegenwärtig reicht Xandra Til den Hufnagel und das Holzkreuz. Til ergreift reflexartig die beiden Gegenstände und umschließt sie fest, dann richtet er sich auf, als ob neue Kraft ihn durchströmen würde. „Alle auf den Boden, mit dem Gesicht nach unten, nicht aufschauen! Auf keinen Fall aufschauen!", schreit Frau Mitnacht und reißt Xandra mit sich zu Boden. „Til schafft es, keine Angst!" Toni dreht sich noch schnell um, um nachzusehen, wie es Til geht, doch der steht erstaunlicherweise hoch aufgerichtet und entschlossen auf dem bebenden Boden des Alaskahundes. Im nächsten Moment wird Toni von Frau Mitnacht auf den Boden gezogen. „Toni, runter, nicht hochschauen!", schreit sie aus Leibeskräften. Fast gleichzeitig ist ein schreckliches Klirren von Metall zu hören. Lautes Hundegebell und Pferdewiehern erfüllen die Luft. Es hört sich an, als ob sich ein ganzes Riesenheer im Inneren des Alaskahundes befände. Tiefe raue Männerstimmen brüllen Befehle, Peitschenknallen und Flüche erfüllen den Raum. Toni hält erschrocken die Luft an. Er wagt kaum zu atmen. Das war ja grauenhaft!

„Kopf untenlassen! Nicht hochschauen!", zischt Frau Mitnacht noch einmal Xandra und Toni zu.

Til bemüht sich nicht umzufallen, denn der Alaskahund schlingert wie ein Schiff auf hoher See. Ganz verkrampft hält er in der einen Hand das Kreuz und in der anderen den Hufnagel. „Er kann dich nicht holen, Til", ruft Frau Mitnacht ihm zu, freilich ohne ihn anzuschauen, „du hast den Hufnagel und das Kreuz, das schützt dich, er kann dich nicht holen, hörst du?" Unmerklich nickt Til. Frau Mitnacht, die natürlich den Kopf nicht vom Boden heben kann, hofft inständig, dass Til sie gehört hat. Das Klirren und Stampfen wird immer noch lauter und bedrängender. Der Boden bebt, als ob sie sich auf freiem Feld befinden würden und eine riesige Herde Pferde an ihnen vorbei und über sie hinweg galoppieren würde. Hunde knurren und bellen heiser und wild, auch das böse Krächzen von irgendwelchen Raubvögeln ist zu hören. Das Blut stockt ihnen in den Adern. Das letzte Stündlein scheint geschlagen zu haben.

Frau Mitnacht, die am nächsten zu Til auf dem Boden liegt, ruft noch einmal ganz laut: „Wegen dem Hufnagel kann er dich nicht mitnehmen, und mit dem Kreuz kannst du ihn wegschicken, hörst du, Til, du musst ihn wegschicken!", sie schreit, so laut sie kann. Trotz des Wahnsinnslärms hat Til Frau Mitnacht gehört. Er nickt. Er hebt seinen Kopf. Stolz und mutig stellt er sich dem Kampfgetöse entgegen. Vor sich hält er mit der rechten

Hand das Kreuz, in der linken den Hufnagel. Er hat das Gefühl, nicht ganz bei Bewusstsein zu sein, es kommt ihm vor, als träume er, einen furchtbaren, grausigen Alptraum. Aber dennoch weiß er aus irgendeinem Grund, was zu tun ist. Er ist bereit. Vor Til hat sich das riesige Geisterheer des Rodensteiners versammelt. Hunde bellen schaurig wild und knurren böse. Die Krieger haben ihre Schwerter und Säbel gezogen und halten sie in die Luft. Ihre Panzerhemden knirschen metallisch, die Waffen blitzen und ihre Helme funkeln. Nun teilt sich das Heer und in ihrer Mitte reitet der Anführer. Hinter ihm schnaubt ein riesiges Pferd. Til meint zu erkennen, dass es acht Beine hat. Aber das kann im Moment auch eine Täuschung sein. Der, der hinter dem Rodensteiner reitet, sieht grausig aus. Nur ein Auge hat er, seine Rüstung leuchtet fremdartig auf. Wie ein Blitz scheint sie zu zucken. Dann richtet Til seine Aufmerksamkeit wieder auf den Hauptmann. Auf einem riesenhaften pechschwarzen Pferd reitet er direkt auf Til zu. Wenige Meter vor ihm bleibt er stehen. Til wagt erst nicht ihn anzuschauen. Doch dann spürt er eine seltsame Kraft vom Hufnagel in sich selbst übergehen und mutig richtet er seinen Blick auf den geharnischten Krieger. Erschrocken über das blutunterlaufene grimmige Antlitz zuckt Til zurück. Er taumelt, doch dann kann er sich wieder fangen, als er die seltsam erloschenen, toten Augen des Hauptmanns sieht. Sein Körper scheint vor Kraft und Gewalt zu strotzen, doch seine Augen sind kalt, eiskalt wie der Schnee. Die Gesichtszüge sind böse verzerrt, doch die Augen, die Augen sind tot, kein Leben ist in ihnen.

Da stößt der Rodensteiner einen markerschütternden Schrei aus. Es hört sich an, als wäre ihm mit einer unsichtbaren Waffe mitten durchs Herz gebohrt worden, wie ein Todesschrei klingt es. „Er hat einen Schutz, ich kann ihn nicht holen!", brüllt der Rodensteiner wie von Sinnen. Der Boden zittert und bebt, die Zornwoge erfasst Männer, Pferde und Hunde, und sie erheben ein grausiges Geschrei. Dann hält Til das Kreuz in die Höhe. „Kehrt dahin zurück, wo ihr hergekommen seid!", ruft er und der Rodensteiner hört ihn. Sein Pferd bäumt sich auf. Er reißt es herum und lässt die Posaunen blasen. Und mit wildem Kriegsgeschrei galoppieren die Reiter davon. Til sackt auf der Trage zusammen. Frau Mitnacht erhebt sich als Erste, nachdem der Boden aufgehört hat zu beben. Dann richtet sich Toni mühsam auf und schließlich auch Xandra. Schnell eilen sie zu Til. Total erschöpft liegt er da, doch um seinen Mund spielt ein winzig kleines glückliches Lächeln. „Du hast es geschafft, mein Junge!", sagt Frau Mitnacht anerkennend. „Und du auch, Xandra!", glücklich legt sie den Arm um ihre Enkelin und überprüft gewissenhaft, ob sie sich auch nirgends verletzt hat.

Toni fühlt Tils Stirn, das Fieber scheint sogar schon etwas gesunken. „Das war ja Rettung in allerletzter Minute!", dankbar schaut Louise Mitnacht ihre Enkelin und Toni an. Jetzt klingelt plötzlich das Handy und Toni geht dran. „Hallo Agnes! Was, der Sturm hat aufgehört? Ich hab es ehrlich gesagt noch gar nicht bemerkt, äh, Til und Xandra … Und außerdem hatten wir Besuch, wenn man das Besuch nennen kann …", Toni merkt jetzt, dass er noch überhaupt nicht begriffen hat, was da eben geschehen ist.

„Aber, aber, a …", stottert Agnes am anderen Ende der Leitung.

„Er ist abgezogen, Til hat …", versucht Toni zu erklären, doch Agnes unterbricht ihn. „Das dachten wir!", sagt Agnes Stefan erleichtert. „Das Hufeisen hat nämlich plötzlich seinen Glanz und Schimmer verloren. Habt ihr denn gewusst, was ihr tun müsst?"

„Ja, ja, ja …", stottert jetzt Toni. „Frau Mitnacht hat uns gesagt, dass wir uns auf den Boden legen müssen, und Til …", anerkennend wirft er diesem einen schnellen Blick zu, „… und Til hat gewusst, was er zu tun hat!", erklärt Toni nicht ohne Stolz und schüttelt dabei den Kopf. Woher hat Til nur den Mut genommen, diese schreckliche, überwältigende, Furcht erregende Geistererscheinung des Rodensteiners wegzuschicken? Er hätte das selbst wohl nicht gekonnt, das muss er ehrlich zugeben.

„Da habt ihr aber Glück gehabt, unverschämtes Glück!", Agnes schluckt deutlich hörbar am anderen Ende der Leitung.

Erleichtert schaut Toni Frau Mitnacht an und öffnet den Mund, um eine Frage zu stellen. Doch Til kommt ihm zuvor.

„Ist er wirklich richtig weg?", fragt er mit matter Stimme, nachdem er einen Schluck Wasser genommen hat.

„Muss er wohl, nachdem du ihn fortgeschickt hast!", meint Frau Mitnacht lächelnd.

„Was wollte er denn von mir?", will Til jetzt wissen, der es immer noch nicht recht glauben kann, dass er höchstpersönlich das ganze Wilde Heer samt seinem Anführer zum Abzug gezwungen hat. „Und warum hat das Kreuz so eine Kraft und was soll der Hufnagel?", fragt Til zwar noch sehr geschwächt, aber schon wieder neugierig. Seine Fragen sind ein deutliches Zeichen, dass es ihm schon wieder viel besser geht.

Frau Mitnacht erklärt Til noch einmal schnell die Bedeutung von Nagel und Holzkreuz, dann schaut sie anerkennend ihre Enkelin an: „Das war eine Spitzenleistung von dir, Xandra!" Jetzt erst wagen sie einen Blick nach draußen. Der Brückenturm steht zwar noch, aber oben sind ziemlich viele Steine heruntergefallen, so dass er deutlich an Höhe verloren hat.

„Verstecken wir später die beiden Gegenstände wieder im Geheimfach?", will Xandra wissen.

Frau Mitnacht nickt. „Ich schlage vor, du darfst sie höchstpersönlich wieder ins Geheimfach legen!", sagt sie und schmunzelt. „Das müssen wir allerdings in einer Nacht-und-Nebel-Aktion machen, soll ja keiner wissen, dass da ein Geheimfach ist, nicht wahr? Außerdem werden wir eine lange Leiter brauchen, denn einen Alaskahund werden wir dann auch nicht zur Verfügung haben!"

„Da will ich auch dabei sein!", ruft Til und scheint schon wieder fast ganz der Alte zu sein.

Der Sturm hat sich anscheinend von einer Minute auf die nächste gelegt. Kein Lüftchen bewegt sich draußen. Toni schaut auf die Uhr. 15 Minuten vor Mitternacht!

„Na, meine Lieben, gleich ist Neujahr, das müssen wir doch feiern, oder?", fragt er heiter. „In 15 Minuten!"

Schnell startet er den Alaskahund, fährt die Verankerungsstützen ein und steuert das Schneegefährt über die herrliche Schneelandschaft über den Odenwald in Richtung Handschuhsheim. Jetzt, wo der Sturm sich verzogen hat, ist anscheinend auch eine Lücke in den Schneewolken frei geworden, denn der Mond blitzt vom Himmel. Der Odenwald hat sich von einem Augenblick auf den anderen in einen Märchenwald verwandelt. Der Mond strahlt sein mildes, silbriges Licht vom Himmel herab, und all die vielen Milliarden und Abermilliarden Schneeflocken beginnen zu glitzern und zu strahlen. Es sieht so aus, als ob die Welt bedeckt wäre von lauter funkelnden Diamanten. „Oh, ist das schön!", haucht Xandra und drückt ihre Nase an der Fensterscheibe platt.

Schnell wählt Frau Mitnacht ihre Nummer an Tonis Handy und weist Agnes Stefan an, Sektgläser bereitzustellen und den Sekt aus dem Kühlschrank zu holen. Dann blickt sie selbst mit glücklichem Herzen auf die verzauberte Schneelandschaft. Dass noch vor wenigen Minuten ein fürchterlicher Schneesturm um sie herum getost und getobt hat, kann sie sich im Moment schon gar nicht mehr vorstellen. Frau

Mitnacht gibt ihrer Schwester auch noch schnell per Handy Bescheid, dass das Rodensteiner-Abenteuer, wie sie die Begegnung mit dem Wilden Heer inzwischen getauft hat, gerade noch mal gut ausgegangen ist.

Glücklich kommen sie in Handschuhsheim an. Die Erwachsenen feiern den Jahreswechsel und die fantastische Befreiung von Til aus den Händen des Rodensteiners, die Kinder fallen in die Betten und schlafen sofort ein. Das war ja heute auch ein wirklich aufregender Tag gewesen! Tils Fieber ist unglaublich schnell gesunken, schon als sie in Frau Mitnachts Wohnung ankamen, hatte er Normaltemperatur.

Mysteriöses Schneewunder

In dieser Nacht geschehen draußen in der Natur sehr merkwürdige Dinge. Der an manchen Stellen auf mehr als 15 Meter hoch aufgetürmte Schnee beginnt zu verschwinden. Es ist nicht so, dass er schmelzen oder tauen würde. Es scheint vielmehr, als ob er wieder zurück in die Wolken geholt würde. Als es am Morgen schließlich hell wird, können alle, die zu dieser Zeit schon wach sind, es beobachten. Zuerst zwar nur am Bildschirm der Fernseher, da die Häuser nach wie vor unter einer meterdicken Schneedecke verborgen liegen, dann aber nach und nach auch mit eigenen Augen: Die Spiralwolken-Formation saugt wie eine Art Staubsauger den Schnee wieder an sich. Die Wetterexperten sind ratloser als je zuvor. Denn was sich da im Moment draußen abspielt, widerspricht jedem Naturgesetz. Noch niemals ist Schnee von der Erde wieder zurück in den Himmel gestiegen. Das ist physikalisch vollkommen unmöglich. Im Laufe des Tages ist schon so viel Schnee wieder im Himmel verschwunden, dass nur noch die unteren Stockwerke der Häuser unter der Schneedecke verborgen sind. Die große Spiralwolke dreht sich langsam oben am Himmel und saugt den Schnee an und sammelt ihn sozusagen wieder in ihre Wolken ein. Und über Nacht ist fast der ganze Schnee verschwunden, nur eine etwa 20 Zentimeter dicke Schneeschicht bleibt zurück. Und als Til und Xandra am Morgen des 2. Januar aufwachen, stehen sie sprachlos am Fenster. Der ganze Schnee ist weg! Da, wo vorher alles weiß war, sind jetzt wieder die Mauern der Tiefburg zu erkennen! Viele Leute sind schon auf den Straßen und genießen die Befreiung aus dem Schneegefängnis.

Schnell laufen Xandra und Til ins Wohnzimmer, um den Fernseher einzuschalten. Der Bildschirm flimmert kurz auf, dann erscheint das ‚Schneestudio' mit einer Sondersendung. Eine Moderatorin ist gerade dabei, das Satellitenbild zu erklären:

„Unerklärlich sind nach wie vor die Ansaugkräfte, die diese mysteriöse Wolkenformation entwickelt hat. Im Augenblick sind die Experten außerstande, zu erklären, wie ein solcher Vorgang – gegen alle Gesetze der Natur – überhaupt entstehen kann. Innerhalb von zwei Tagen sind mehrere Tausend Tonnen Schnee von der Spiralwolke angezogen worden, sie befinden sich wieder im Inneren dieses Wolkenbandes." Die Moderatorin deutet mit einem Zeigestock auf einen sehr dunklen dicken

Wolkenbauch. Die Drehgeschwindigkeit der Spiralwolke hat deutlich abgenommen. Til und Xandra erinnern sich noch gut an die Bilder in der Sturmzeit, da drehte sich das Ganze unglaublich schnell. „Jetzt, wo der ganze Schnee wieder oben ist, befürchtet man schon, dass die Spiralwolke weiterwandern wird, und das ganze chaotische Schneeunglück an einer anderen Stelle wieder losgeht," erklärt sie mit unbeteiligter Stimme.

In der Zwischenzeit sind auch Opa Krause und Frau Mitnacht ins Wohnzimmer gekommen und schauen gespannt auf den Bildschirm. Agnes Stefan und Toni sind schon gestern wieder zurück in die Wohnung von

Agnes. „Das glaub ich nicht, dass das passiert", meint nun Frau Mitnacht, „der Rodensteiner und Odin gehören samt dem Geisterheer zum Odenwald, die gehen nirgendwoanders hin."

Opa Krause blickt Frau Mitnacht empört an: „Sie glauben doch wohl nicht, dass Odin und der Rodensteiner etwas mit den Wolken zu tun haben?"

„Aber Opa!", ruft jetzt Til und dreht sich zu seinem Großvater um. „Natürlich hat er mit den Wolken zu tun. Das ist doch sein Heer! Die fliegen durch die Lüfte!"

„Schaut lieber in den Fernseher, was da passiert!" Xandras Stimme überschlägt sich fast.

„Nein! Unglaublich, das ist, das ist …!" Der Moderatorin versagt die Stimme. Sie starrt fassungslos auf das Satellitenbild, auf dem sich in diesem Moment die Spiralwolke von außen nach innen hin auflöst. Weniger und weniger wird das dunkle Wolkenband, am Ende ist nur noch ein kleiner dunkler Punkt zu sehen, der sich aber allmählich auch in Luft auflöst. Wenige Sekunden lang werden im Spiralnebel die berittenen Krieger des Rodensteiner Heeres sichtbar. Til, sein Großvater, Xandra und Frau Mitnacht rufen entsetzt „Huch" und starren gebannt auf den Bildschirm. Im gestreckten Galopp reiten sie durch die Lüfte. Ihre Rüstungen blitzen, Hunde hecheln neben den Pferden her, über dem Heer kreisen riesige Raubvögel. Zwei Reiter führen das Heer an, ihre Rüstungen schimmern rötlich und heben sich dadurch von denen ihres Gefolges ab.

„Was, was, wa-a-r d-d-denn das?", stottert die Moderatorin verdattert und blickt in Richtung der Expertengruppe, die um einen kleinen runden Tisch zusammensitzt. Die Kamera schwenkt zu der Gruppe hin. Die schaut ebenso verblüfft und ungläubig drein wie die Moderatorin. „Da fehlen uns die Worte!", meint einer der Experten, der sich als Erster wieder gefangen hat. „Das, was wir da gerade gesehen haben, ist noch unerklärlicher als alles andere zuvor!"

„Vielleicht war es doch ein UFO!", meint nun eine Dame am Expertentisch, die durch eine grün gerandete große Brille auffällt.

Nun beginnen die Experten und Expertinnen wie wild durcheinander zu sprechen. Jeder will seine Meinung vorbringen und die anderen durch Lautstärke übertönen, deshalb schwenkt die Kamera nun wieder zurück zur Moderatorin, die ihre Fassung wiedergewonnen hat. Lächelnd erklärt sie den Zuschauern daheim, dass es eine neue Wettervorhersage für diesen und den nächsten Tag gebe. „Die Meteorologen erwarten leichten Schneefall, der aufgrund von leichten Minustemperaturen auch liegen bleiben wird. Leichter Wind von West, Südwest wird erwartet. Ich wünsche Ihnen einen guten Tag!", sagt sie lächelnd und dann ist die Sendung vorbei. Ein Werbeblock versucht, die Aufmerksamkeit auf sich zu ziehen, doch Frau Mitnacht hat den Apparat gleich ausgeschaltet.

Tatsächlich fängt es noch am Vormittag an zu schneien. Schöne wattige Flocken taumeln vom Himmel herab und bleiben auf dem gefrorenen Erdboden liegen. Frau Mitnacht hat mit Tils und Xandras Hilfe die Hühner aus dem Keller geholt und wieder in den Stall gebracht. Opa Krause liest indessen am Küchentisch die Zeitung – die erste seit mehreren Tagen, die endlich wieder ausgeliefert werden konnte. Nach dem Mittagessen will er wieder zurück in die Steingasse. Er macht sich große Sorgen um den Zustand seiner derzeitigen Lieblingspflanze, der roten Amaryllis. Til hat mit Xandra beschlossen, die nächsten Tage bei Frau Mitnacht zu bleiben. Wenn es noch ein bisschen mehr schneien würde, dann könnten sie nämlich bald Schlitten fahren!

Das Wilde Heer

Den Rodensteiner hat es wirklich gegeben,

er hieß mit richtigem Namen Junker Hans III. zu Rodenstein und hat von 1418 bis 1500 auf der Burg Rodenstein nahe Reichelsheim im Odenwald gelebt. Seine geheimnisvoll-finstere Gestalt war wohl der Anlass dafür, dass der „Rodensteiner" zum Anführer des Wilden Heeres wurde.

Die Burg „Rodenstein" gibt es auch noch, leider nur noch als Ruine. Man erreicht sie vom Tal der Gersprenz aus über Fränkisch-Crumbach oder über Reichelsheim. Die wenigen Reste der Mauern und des alten Westturms sind von Gräsern, Gebüsch und Bäumen überwachsen. Ursprünglich war es eine große, beeindruckende Burg mit Verteidigungswerken, Türmen und dem Herrenhaus. Die Burg, die um 1250 erbaut wurde, hatte im 13. und 14. Jahrhundert ihren Höhepunkt. Im Dreißigjährigen Krieg brach das Elend über die Rodensteiner herein und die Burg wurde unbewohnbar. Von nun an wurde sie nur noch als Steinbruch benutzt und verfiel.

Das „Wilde Heer"

Die beherrschende Sage, die im Zusammenhang mit der Burg erzählt wird, ist die von Hans von Rodenstein, der als Anführer eines Geisterheeres gilt, das unter Pferdegetrappel, Hundegebell, lautem Geschrei und Fluchen durch den Odenwald zieht. Der Durchzug des Wilden Heeres soll so furchtbar sein, dass Bäume entwurzelt, Dächer abgedeckt werden, und der Boden erbebt. Für das umherziehende Geisterheer lassen die Odenwälder Bauern auch Obst an den Bäumen hängen, damit sich die Geisterreiter satt essen können und nicht etwa in ihre Häuser einfallen.

Die Sage vom Wilden Heer oder von der Wilden Jagd, einem Geisterheer, das in den zwölf Nächten zwischen Weihnachten und dem Dreikönigsfest durch die Lüfte ziehen soll, ist sehr alt. Der Ursprung der Sage geht auf den uralten germanischen Gott Odin zurück, der als König der Götter, Herr der Toten und mächtiger Zauberer verehrt wurde und ebenfalls ein Geisterheer anführte.

Der Rodensteiner kündigt Krieg an

Auch dies ist ein Bestandteil der Sage, dass nämlich, wenn der Rodensteiner mit seinem Geisterheer umzieht, es Krieg geben wird. Beobachtungen diesbezüglich wurden sogar schriftlich festgehalten: in den so genannten Reichenberger Protokollen, die von 1742 bis 1796 niedergeschrieben wurden. Dabei wird auch von der Einkehr des Rodensteiners in der Schmiede berichtet, vom Beschlagen seiner Pferde, von schaurigem Pferdegewieher und Hundegekläff, das die Reichelsheimer gehört haben, und z.B. auch vom Kochen des Geisterheeres und einem Gelage in einer Küche.

„Es regt sich was im Odenwald"

Auch das Gedicht, an das sich Opa Krause erinnert, gibt es wirklich. Es stammt von Viktor von Scheffel (1826–1886) und lautet:

> Es regt sich was im Odenwald,
> Und durch die Wipfel hallt's und knallt's,
> Der Rodenstein zieht um.

> Vom Rhein her streicht ein starker Luft,
> Der treibt den Alten aus der Gruft.
> Der Rodenstein zieht um.

> Ein rostig Stahlwams ist sein Kleid,
> Ein rostig Schlachtschwert hängt zur Seit.
> Der Rodenstein zieht um.

Lebkuchen-Bäckerei im Odenwald

Wie Frau Mitnacht mit den Kindern, so buken von Oktober bis Weihnachten die Odenwälder Bäcker nach uralten geheim gehaltenen Rezepten Lebkuchen. Leb-Kuchen heißt soviel wie „Lebenskuchen", denn durch den Gehalt an Honig und heilkräftigen Gewürzen wie Zimt, Anis, Ingwer, Fenchel, Nelken, Koriander und Kardamon sollte Kraft und Schutz in der dunklen Jahreszeit gespendet werden. Für den guten Geschmack der Lebkuchen waren die Bäcker verantwortlich und für das schöne Aussehen die so genannten „Modelschnitzer". Nachdem die Lebkuchenbäcker den Teig in die geschnitzten Holzformen gedrückt hatten, verzierten sie ihn häufig noch mit Linien und Punkten, ganze Kunstwerke entstanden so. Oft wurden auch Mandeln zur Verschönerung der Lebkuchen eingesetzt. Besonders wenn es sich um Herzformen handelte, beschrifteten die Bäcker die Lebkuchen mit Sprüchen.

Die Autorin

Andrea Liebers

Andrea Liebers studierte Latein des Mittelalters und Germanistik, promovierte über europäische Wundergeschichten des 12. Jahrhunderts und verließ dann den Pfad der Wissenschaft, um sich dem Schreiben von Kinderbüchern zu widmen. Bisher sind 20 Bücher von ihr erschienen, u.a. „Spuk in Heidelberg", „Spuk im Neckar", „Das Geheimnis der Tiefburg". Sie lebt und arbeitet in Heidelberg. Gleichzeitig zum „Spuk im Odenwald" erscheint von ihr im verlag regionalkultur „Spuk in Karlsruhe", im Jahr 2002 wird „Spuk in Mannheim" folgen.

Die Illustratorin

Johanna Berking

Johanna Berking studierte Kunst an der University of the West of England in Bristol, wo sie den einjährigen Foundation Course in Art & Design besuchte. Nach drei Jahren Studium an der University of Brighton machte sie im Juli 1998 den Degree of Bachelor of Arts-Abschluss in Illustration. Seit Frühjahr 1999 lebt sie in Heidelberg als freie Illustratorin und Grafikerin. Im Jahr 2000 illustrierte sie das Kinderbuch „Pampelmuse und Pumpernickel im Schwetzinger Schlossgarten" sowie Erich Frieds „Gründe".

Kinder- und Jugendbücher im verlag regionalkultur

Sophie Brandes

Grünes Gras erzähl mir was

Ein ganzes Jahr auf dem Dilsberg bei Heidelberg

Die Leute, die in dem Städtchen Dilsberg hoch oben auf einem Hügel im Neckartal wohnen, sind zufriedene Leute. Kein Wunder, denn rund um ihr Städtchen gibt es alles, was ein Mensch braucht, um zufrieden zu sein: grüne Wiesen, Wälder, einen gluckernden Bach, frische Luft, einen Reiterhof und viele Tiere. Von Monat zu Monat wechselt die Landschaft ihr Kleid und machen die Kinder neue Entdeckungen. Wie soll es da langweilig werden?

28 S. mit 13 farbigen Illustrationen und 5 Vignetten, attraktives quadratisches Format, fester Einband. 3. Auflage. ISBN 3-924973-68-7. DM 24,90 / ab 1.1.2002 € 9,90

Gabriela und Oskar Frey

Neues Ohr für Marylin?

Mit Illustrationen von Jürgen Wilz

Marylin lebt mit Papa und Mama in einem kleinen Gartenhäuschen. Dort, wo Menschenmäuse nur ganz selten stören. Und eigentlich wäre ja auch alles in bester Ordnung, wenn, ja wenn Marylin nicht so verdrossen wäre ... Wer will schon ein Schlappöhrchen, das aussieht, als hätte es ständig schlechte Laune?

64 S. mit 28 farbigen Illustrationen von Armin Stumpf, fester Einband. ISBN 3-924973-74-1. DM 24,- / ab 1.1.2002 € 9,90

Andrea Liebers

König Titi

Mein Tagebuch als Lieblingshund der Liselotte von der Pfalz aus dem Jahre 1706

Mit Illustrationen von Jürgen Wilz

Titi hat es erreicht, Liselottes Schoß- und Lieblingshund zu werden. Er begleitet Madame im Schloß Versailles und auf vielen ihrer Wege. Was er dabei erlebte und hörte – vor allem auf dem Schreibtisch von Madame –, hielt er in seinem situationsreichen und in die Zeit um 1700 am Pariser Hof einführenden, bebilderten Tagebuch fest.

67 S. mit 46 Abb., davon 40 Rötelzeichnungen. 2. Aufl. ISBN 3-924973-70-9. DM 19,80 / ab 1.1.2002 € 9,90

Gerda Leuthardt

Pampelmuse und Pumpernickel im Schwetzinger Schlossgarten

Mit 39 Illustrationen von Johanna Berking

Pampelmuse, das hübsche Papageienmädchen, und Pumpernickel, der kleine komische Kauz im Badehaus, sind zwei glückliche Bewohner des Schwetzinger Schloßgartens. Der griechische Gott Apollo und seine befreundeten Götter und Göttinnen leben, tanzen und feiern dort genauso gerne wie die schönste Vogelscheuche der Welt, die Bela Maracatú. Spaß wird es Euch auch machen, mit Papageno und dem kleinen Mozart durch diesen weltbekannten Barockgarten spazieren zu gehen, und vielleicht trefft Ihr Sammelsurium mit seinen roten Stiefeln und roten Haaren, immer bereit zu einem atemberaubenden Brillantfeuerwerk.

54 S. mit 39 Illustrationen, fester Einband. ISBN 3-924973-69-5. DM 32,- / ab 1.1.2002 € 12,90

Noch mehr *Spukgeschichten* **im** verlag regionalkultur

Andrea Liebers *NEU !*

Spuk in Karlsruhe. Das Geheimnis der Pyramide

Mit Illustrationen von Sabine Reister

In Karlsruhe bebt die Erde ohne Vorwarnung und richtet ein Chaos an. Die Wissenschaftler sind ratlos und die Politiker verstört. Durch die Pyramide auf dem Marktplatz geht ein Riss bis tief ins Erdinnere und der Sargdeckel des dort begrabenen Stadtgründers Markgraf Karl Wilhelm ist aufgesprungen. Durch den Fund eines Tagebuchs stoßen Lilly, Tante Billi und Onkel Angus auf ein unglaubliches Geheimnis und eine bedrohliche Intrige. Und je weiter sie zum Kern des Rätsels vorstoßen, umso deutlicher häufen sich die Zeichen, dass eine überirdische Macht ihre Hand im Spiel hat.

108 S. mit 65 Illustrationen, davon 38 farbig, fester Einband. ISBN 3-89735-175-7. DM 29,80 / ab 1.1.2002 € 14,90

Andrea Liebers

Spuk in Heidelberg

Mit Illustrationen von Julia Ginsbach

In diesem schönen Kinderbuch werden inhaltlich wie bildlich Motive, Geschehnisse und Daten aus der Heidelberger Stadtgeschichte aufgegriffen und spannend aufbereitet. Ein Kinderbuch mit historischen Bezügen, das auf unterhaltsame und kindgerechte Weise Interesse für die Heidelberger Stadtgeschichte zu wecken sucht. Nebst einem Plan der Schauplätze der Erzählhandlung als Anregung zu eigener Spurensuche.

Schriftenreihe des Stadtarchivs Heidelberg, Sonderveröffentlichung 3. 136 S. mit 80 Illustrationen, davon 34 farbig, fester Einband. 3., verbesserte Auflage. ISBN 3-924973-57-1. DM 36,- / ab 1.1.2002 € 14,90

Andrea Liebers

Das Geheimnis der Tiefburg

Mit Illustrationen von Julia Ginsbach

Der „Spuk in Heidelberg" geht tatsächlich weiter: Im „Geheimnis der Tiefburg" entdeckt Til bei seinem zweiten Besuch in Heidelberg ein weitverzweigtes Tunnelsystem. Darin ist allerlei versteckt, was von Raubzügen und einem anderen Verbrechen herrührt. Aber wie die Zusammenhänge aufspüren? Zahlreiche Entdeckungen werden gemacht, die bis nach Dossenheim, Weinheim, nach Schönau und auf den Heiligenberg führen und keineswegs ungefährlich ausgehen ...

116 S. mit 79 Illustrationen, davon 20 farbig, fester Einband.
ISBN 3-924973-71-7. DM 36,- / ab 1.1.2002 € 14,90

Andrea Liebers

Spuk im Neckar

Mit Illustrationen von Julia Ginsbach

Seit ein paar Tagen ist zwischen Neckargemünd und Heidelberg im Neckar der Teufel los. Stinkende Wasserpflanzen und tote Fische werden nachts von irgendjemand aus dem Neckar geworfen. Die Polizei und Feuerwehr haben den Fluss abgesperrt. Niemand darf mit dem Wasser in Berührung kommen. Vielleicht ist es hochgiftig geworden? Aber nicht nur mehrere Labors fahnden nach der Ursache, sondern auch Opa Krause, Til, Xandra und Agnes Stefan – aber die ahnen, dass der Hookemann, der uralte Wassergeist, der seit alters her im Neckar sein Unwesen treibt, dahintersteckt.

116 S. mit 40 Illustrationen, fester Einband. ISBN 3-924973-72-5. DM 32,- / ab 1.1.2002 € 14,90